EKSTASE – SEXUALITÄT UND SPIRITUALITÄT

WUNIBALD MÜLLER

Ekstase – Sexualität und Spiritualität

MATTHIAS-GRÜNEWALD-VERLAG · MAINZ

Die Deutsche Bibliothek – CIP-Einheitsaufnahme

Müller, Wunibald:
Ekstase – Sexualität und Spiritualität / Wunibald Müller. –
Mainz : Matthias-Grünewald-Verl., 1992
ISBN 3–7867–1642–0

Umschlag: Heinz Kirsch. Typografik, Wiesbaden
unter Verwendung des Bildes: Wassily Kandinsky, Improvisation 26 (Rudern)
© VG Bild-Kunst, Bonn, 1992.

Gesamtherstellung: Schnaufer-Druck, G.m.b.H., Tauberbischofsheim

ISBN 3–7867–1642–0

INHALT

VORWORT

Es ist das Verdienst von Abraham Maslow, die Erfahrung von Ekstase aus dem Bereich des ganz Außergewöhnlichen genommen und unter dem Begriff Gipfelerfahrung der auch alltäglichen Erfahrungsebene zugeordnet zu haben. Für ihn sind gute Musik, Tanzen und Sexualität die am meisten beschrittenen und wirkungsvollsten Wege und Weisen, Gipfelerfahrungen zu machen. Sie sind aber nicht die einzigen. Wesentliche Erfahrungen im Leben, wie die tiefe Begegnung mit der Natur, die Erfahrung mit Kindern, das Sich-Einlassen und Eintauchen in Gott, können zu Gipfelerfahrung führen. Der nackt vor der Bundeslade tanzende David, die im Überglück schwelgende Mutter, die den gerade geborenen Sohn anschaut, das vor Vergnügen quietschende Kind, die von dem heiligen Schauer der intensiven Gotteserfahrung übermannte Ordensfrau, – sie sind alle Beispiele ekstatischen Erlebens.

Ekstase ist etwas tief Empfundenes. Etwas, das den ganzen Menschen durchweht. Etwas in mir, tief in mir, wird für eine bestimmte, oft nur kurze Zeit, entbunden. Eine Ebene in mir, die mir in der alltäglichen Erfahrung in der Regel oder zumindest meistens verschlossen bleibt, meldet sich, so daß ich sie spüre. Und es kommt tief aus mir und von mir. Es ist ein Teil von mir. Ein Teil, der mit meinem Innersten verquickt ist, ja dieses Innerste selbst ist, zumindest das, was von diesem Innersten vermittelbar ist.

Die folgenden Ausführungen versuchen etwas von diesem breiter angelegten Verständnis von Ekstase zu vermitteln. Dabei werden neben dem Unsterblich-sich-Verlieben, vor allem Sexualität und Spiritualität, Leib und Seele, ihr Bezug zur Ekstase und ihr Bezug zueinander berücksichtigt. Zugleich soll

dabei etwas von der großen Nähe zwischen gelebter Sexualität und gelebter Spiritualität durchscheinen.
Meine Darlegungen verstehen sich nicht als eine theoretische Erörterung. Ich will nicht mehr, als von verschiedenen Seiten her ein Interesse, ein Gespür, ein deutlicheres Erkennen, manchmal vielleicht auch nur ein Erahnen von dem erwecken und ermöglichen, was Ekstase im Sinne von Gipfelerfahrung meint, wo es in unserem Leben miteinander, in unserem Leben als Teil der Schöpfung und in unserer Beziehung zu Gott eine Rolle spielt. Ich bin mir dabei bewußt, daß in manchem, was ich schreibe und wie ich es beschreibe, deutlich zum Ausdruck kommt, daß hier ein Mann schreibt. Da ich bewußt meine eigene Erfahrungswelt mit einbringen wollte, habe ich in der Regel darauf verzichtet, die eigene männliche Erlebens- und Sichtweise durch allgemeiner gehaltene Formulierungen zu ersetzen.
Ich widme dieses Buch meiner Frau Ilse Katharina, unseren Kindern Dorothea und Thomas, meinen Freunden Charlie, Norbert, Gertrud, Gerhard, Conni, Klaus, Margot, Anselm und Hanne und meinem Patenkind Christine.

Wunibald Müller

PROLOG

Ich liege am Meeresstrand, blau schimmert die flimmernde Flut in die träumenden Augen, weithin flattern fächelnde Lüfte ... Anstürmend, abschäumend, aufregend, einschläfernd kommt der Wogenschlag ans Ufer ... oder ans Ohr? Ich weiß es nicht. Ferne und Nähe verschwimmen in eins; draußen und drinnen gleiten ineinander über. Näher und näher, *trauter und heimischer tönt der Wogenschlag*; jetzt schlägt er als donnernder Puls in meinem Kopfe und jetzt schlägt er hinweg über meine Seele, *umschlingt sie, verschlingt sie, während sie selbst doch zugleich hinausschwimmt als blauende Flut.* Ja, draußen und drinnen sind eins. Schimmern und Schäumen, Rinnen und Fächeln und Dröhnen – die ganze Symphonie empfundener Reize verklingt in einem Ton, alle Sinne werden zu einem Sinn, der eins wird mit dem Gefühl; die Welt verhaucht in die Seele und die Seele löst sich in der Welt ... Unser kleines Leben ist von einem großen Schlaf umflossen ... *Der Schlaf unsere Wiege, der Schlaf unser Grab ... der Schlaf unsere Heimat, aus der wir am Morgen ausziehen, in die wir am Abend wieder einziehen*, unser Leben aber die kurze Wanderschaft, die Spannung zwischen dem *Auftauchen* aus der Ureinheit und dem Versinken in sie! ... Blau flutet das Meer, das unendliche, darin die Qualle jenes Urleben träumt, zu dem unser dämmerndes Ahnen noch durch Äonen der Erinnerung hinabsickert. Denn jedes Erlebnis enthält eine Änderung und eine Wahrung der Lebenseinheit. In dem Augenblicke, da sie nicht mehr verschmolzen sind, da ein Erlebender noch *blind und triefend sein Haupt hebt aus der Versunkenheit im Strome des Erlebens, aus dem Verquollensein* mit dem Erlebten, in dem Augenblicke, da die Lebenseinheit staunend, befremdet die Änderung von sich ablöst, als ein Fremdes vor sich hält, in diesem Augenblicke der Entfremdung ... haben sich die Erlebnisseiten substantiiert zu Subjekt und Objekt, in dem Augenblicke ist das Bewußtsein da.

Karl Joel

I. EKSTASE

> Sexualität ist nur einer unter vielen Pfaden, die zum Himmel führen wie Liebe, Einsicht, eine wunderschöne Wiese, ein reizendes Baby.
>
> *Abraham Maslow*

> Die elementare Vorstellung von Ekstase ist die einer – mehr oder weniger körperhaft gedachten – Vereinigung mit Gott.
>
> *Martin Buber*

1. Ekstase als Gipfelerfahrung

Die Ankunft auf dem Berg Zion in Jerusalem – vor über 15 Jahren – war für mich eine Art ekstatische Erfahrung. Hier, so durchfuhr es mich, darf ich mich jetzt einige Monate aufhalten. Die vielen neuen Eindrücke in einer mir bisher fremden Umgebung und einem mir fremden Land, der Blick auf das vor mir liegende Ammonitergebirge, vor allem aber das Bewußtsein, in der Stadt zu sein, in dem Land mich aufzuhalten, das in der Bibel eine so wichtige Rolle spielt, ein Buch, das in meinem persönlichen Leben von existentieller Bedeutung ist, all das trug zu dieser Erfahrung bei. Dieses ekstatische Erleben schwang immer wieder mit, wenn ich im Bewußtsein, hier in Jerusalem auf dem Berg Zion zu sein, etwa die Zionspsalmen betete.

Unvergeßlich bleibt für mich auch die Geburt unserer Tochter Dorothea. Es war zunächst die große Nähe, die ich zwischen mir und meiner Frau unmittelbar vor der Geburt und im

Moment der Geburt erlebte. In ihrem Ringen und meiner Begleitung dabei, unser Kind zur Welt zu bringen, in diesen heiligen Momenten totaler Offenheit und Verwundbarkeit, begegnete ich meiner Frau auf einer Ebene und einer Tiefe ganz ungewöhnlicher Art, die mich zutiefst berührte und den Augenblick transzendierte. Und dann ist sie da, Dorothea. Ich sehe, wie Arzt und Hebamme sie aus dem Leib meiner Frau ziehen. Unfaßbar. Unfaßbar für mich und wohl noch unfaßbarer für meine Frau, die noch viel mehr an dem Geschehen beteiligt ist und es daher noch viel tiefer erlebt.

Abraham Maslow (1979,169) hat einmal gesagt, daß der beste Weg einer Frau niederzukommen, darin besteht, daß die Mutter dabei eine große und mystische Erfahrung machen kann, „eine religiöse Erfahrung", eine Erfahrung von Erleuchtung, Offenbarung und Erkennen.
Gipfelerfahrungen, im Sinne von ekstatischen Erfahrungen, sind nicht nur beschränkt auf außergewöhnliche Momente der Übersteigerung, des Außer-sich-Geratens, des Aus-sich-Heraustretens und Abhebens. Die Fassungslosigkeit mit der die Mutter das gerade geborene Kind wie ein Wunder – und es ist ja auch ein Wunder – bestaunt, die innere Seligkeit, die sie dabei erfüllt, das tiefe Glücksgefühl, das sie durchweht – diesem Erleben ist eine ekstatische Dimension eigen, die mitunter sogar eine tiefere Basis hat als manche Erfahrungen, die aufgrund ihrer Heftigkeit und Einzigartigkeit in besonderer Weise beanspruchen, ekstatisch zu sein. Eine ekstatische Qualität kann auch der Gelassenheit zukommen, mit der ein kranker oder auch alter Mensch, der seine Krankheit oder den bevorstehenden Tod akzeptiert, diesem begegnet. Es ist dann dieses Offensein für das Unausweichliche und zugleich Neue, dem ich, wenn auch zitternd, dankbar für das Gewesene und bereit für das Unausweichliche und Kommende entgegengehe.

Ekstase ist auch ein elementares Kennzeichen religiöser Erfahrung. In den unterschiedlichen Erfahrungsweisen von Ekstase – selige Ruhe, ergriffen sein, verzückt sein bis hin zum ausgelassenen Freudentanz – kann sich die Erfahrung tiefer und tiefster Gottesbegegnung widerspiegeln und zum Ausdruck bringen. Ekstase kann sich auch zeigen in der Hingabe für andere und in der Hingabe an Gott. Der ehelos lebende Priester z.B., dessen Einsatz und Hingabe für andere aus seinem tiefsten Inneren kommt, kann in diesem Tun die Erfahrung von Ekstase machen. Ja, sein Tun für andere wird in diesem Moment mitgetragen, am Leben gehalten und unterstützt von seiner ekstatischen Erfahrung. Sie hält ihn in Schwingung, macht sein Tun zu etwas Lebendigem, auch weil er selbst in diesem ekstatischen Zustand lebendig, mit am lebendigsten, ist.

Den Forscher, der leidenschaftlich der Antwort auf bestimmte Fragen nachjagt, mag ebenso eine Art ekstatischer Zustand beflügeln, der dazu beiträgt, daß er nicht nachläßt, die Antwort zu suchen; der ihn so sehr innerlich aufwühlt und antreibt, daß erst die Lösung der Fragen ihn wieder ruhig werden läßt.

Ekstase macht sich, so Alexander Lowen (1990,87), breit, wenn die innere Erregung so stark wird, daß durch die Wellen, die dadurch ausgelöst werden, die Grenzen, die unser Ich umrahmen, durchdrungen und überschritten werden. Das kann beim Orgasmus oder bei jeder anderen Form von Erregung geschehen. Während bei der Erfahrung der Überschreitung der Ich-Grenzen das Ekstatische im Vordergrund steht, gibt es auch Erlebnisse der Ich-Überschreitung, die in mir das Gefühl auslösen, mit dem Universum verbunden zu sein, und die mit einem einzigartigen Gefühl der Ruhe und Gelassenheit einhergehen.

Ekstase kann auch verstanden werden – und die gängige Meinung darüber ist vor allem davon geprägt – als eine ganz außergewöhnliche Erfahrung, die dann auch noch eigens dazu

Berufenen widerfährt. So wird der Schamane als der große Meister der Ekstase verstanden. Die Ekstase selbst wird dabei als die religiöse Erfahrung par excellence erachtet. Im tranceartigen Zustand der Ekstase verläßt, so wird angenommen, seine Seele seinen Körper und steigt auf in den Himmel bzw. hinab in die Unterwelt (vgl. Kelsey 1978,27). Dieses besondere Erleben von Ekstase, verbunden mit Trance, gilt es zu unterscheiden von Erfahrung von Ekstase im Sinne von Gipfelerfahrungen. Es mag Parallelen geben. Ein deutlicher Unterschied dürfte aber in der Intensität festzumachen sein, die im Falle der außergewöhnlichen, mit Trance verbundenen Ekstase weit stärker ist und bis zur Verzückung gehen kann. Die Ekstase ist hier weiter eine Weise, über den Trance-Zustand in Kontakt mit einer anderen Welt zu kommen und von dort mit Wissen zurückzukommen, „das dazu benutzt werden kann, jene wieder herzustellen und zu heilen, die der Hilfe bedürfen" (27). Ekstase taucht so gesehen in einem Kontext auf, der in die Nähe von Erfahrungen und von Phänomenen kommen kann, die zum einen dem Bereich des Numinosen, zum anderen aber auch dem des psychisch Auffälligen, zugeordnet werden kann. Jedenfalls wird dabei eine Übersteigerung der üblichen Erfahrungsebene in einem Ausmaß erlebt, die für Gipfelerfahrung, wie ich sie hier verstehe, in der Regel nicht zutrifft.

Es sind die wesentlichen Erfahrungen im Leben, wie die tiefe Begegnung mit der Natur, die Erfahrung mit Kindern, die Begegnung mit wirklich großer Musik (vgl. Maslow 1979,163) oder das Sich-Einlassen und Eintauchen in Gott, die zu Gipfelerfahrungen und Inspiration führen. Sie stellen sich, so Abraham Maslow, nicht ein durch den Besuch eines Nachtclubs, viel Geld oder guten Zeitvertreib auf einer Party.

Es sind nicht die sogenannten aufregenden Dinge und letztlich auch nicht die außergewöhnlichen, die ekstatische Erfahrungen, Gipfelerfahrungen, in uns auslösen. Es sind die Momente, in denen wir hervorgerufen durch Begegnungen mit der Natur, durch unsere Tiefe anrührende Poesie oder Musik, durch die Begegnung mit dem wahren Leben und ungeschminkten Tod, durch die intime Begegnung mit Menschen und Gott, mit dem Innersten in uns, dem Bodensatz unseres Lebens, dem Ort unserer Ekstase in Berührung kommen und davon entzündet, in Schwingung versetzt, hin- und hergeschüttelt, aus der Fassung gebracht werden. Es sind die Augenblicke, in denen wir unseren Grund spüren, ausgelöst durch solche äußere Eindrücke und innere Vorstellungen, die, als seien sie ein Spiegelbild unseres Allerinnersten, in uns diese Seite in Erinnerung rufen, sie ansprechen und beleben. Es sind die Momente, in denen wir deutlicher als sonst unsere Verbundenheit mit der Schöpfung und dem Schöpfer spüren, in denen wir mit unserer Sehnsucht nach ihm, zu ihm heimzukehren, wieder mehr gewahr werden und erfüllt voll Dankbarkeit, Teil davon zu sein, dazuzugehören, voll Freude hüpfen und uns innerlich und manchmal auch äußerlich dem Tanz der Ekstase übergeben.

> Je mehr jemand ein Musiker wird, desto mehr ist er ein Philosoph.
>
> *Friedrich Nietzsche*

2. Wissenschaft und Ekstase

Neben dem Tanzen und der Sexualität ist für Abraham Maslow die Musik eine der am meisten begangenen Wege, Ekstasen, Gipfelerfahrungen, zu erleben. Jedenfalls sind es seiner Ansicht nach die Wege, die am leichtesten zu diesen Erfahrungen führen, so sehr sie nicht die einzigen sind. Friedrich Nietzsche sagt – und darin schwingt etwas von einer ekstatischen Erfahrung mit –, daß je mehr jemand ein Musiker wird, desto mehr ist er ein Philosoph. Die Musik erleuchtet den grauen Himmel und läßt damit die Details sichtbar werden. Durch sie kann die Welt wie vom Gipfel eines Berges aus überschaut werden. „Eine unerwartete Antwort fällt mir in den Schoß, ein kleiner Hagelsturm, aus Eis und Weisheit, aus gelösten Problemen. Wo bin ich? Bizet macht mich produktiv. Alles, was gut ist macht mich produktiv. Für nichts anderes empfinde ich Dankbarkeit, noch besitze ich irgendeinen anderen Prüfstein, um testen zu können, was gut ist " (zit. in: Laski 1968,405).

Für Teilhard de Chardin kommt die Musik unter den Künsten der mystischen Erfahrung am nächsten. Wäre er in der Lage, würde er das, was er anderen vermitteln möchte, am liebsten in Form von Musikstücken weitergeben. Geht es ihm doch nicht so sehr darum, eine Theorie zu vertreten, sondern um „eine gewisse Lust, eine gewisse Wahrnehmung der Schönheit, des Pathetischen, der Einheit des Seins ... Ich versuche diese Art ruhiger Trunkenheit, die das Bewußtsein des tiefen Stoffes der Dinge in mir verursacht, in Begriffen von Theorien auszusagen ...; doch diese Theorien gelten für mich in Wirklichkeit nur wegen ihrer Resonanz in einem Bereich der Seele, der nicht der des Intellektualismus ist ... Noch einmal, für meinen Zweck wäre es besser, ich wäre der Schatten eines Wagner denn der Schatten eines Darwin" (in: Schiwy II 1981,144).

Die Musik ist auch die Sprache, die der Ekstase am besten eignet. Wie sehr Teilhard de Chardin es dennoch versteht, in Worten ekstatische Erfahrungen zu schildern, davon ist folgender Auszug aus dem Ausschnitt „Die Versuchung der Materie" (in: Schiwy I 1981,184) ein schönes Zeugnis:

„Eines Tages im Angesicht der ausgedehnten Hügel der Wüste, deren Plateaus sich, so weit das Auge reicht, in violetten Stufen gegen die wild exotischen Horizonte aufbauen; vor dem uner-

gründlichen und weiten Meer, dessen Wellen sich ohne Rast in ihrem unzähligen Lachen kräuseln; in der Umhüllung eines Waldes, dessen mit Leben erfüllter Schatten mich aufzulösen schien in seine tiefen und heißen Falten –, ergriff mich ein großes Verlangen, vielleicht, fortzugehen, um fern von den Menschen, fern von der Anstrengung, die Religion der Unermeßlichkeiten wieder zu finden, die bergen und die umfassen, jene Religion, in der meine geballte Energie sich entspannen würde, immer mehr, grenzenlos ... Und meine ganze Sensibilität richtete sich also auf, wie beim Nahen eines Gottes des unbeschwerten Glücks und der Trunkenheit, denn die Materie war es, die mich rief. Wie schon allen Menschenkindern wiederholte sie nun mir die Losung, die jede Generation vernimmt: Sie verlockte mich, daß ich, mich ihr rückhaltlos überlassend, sie anbetete".

Aber auch der Wissenschaftler, der fast ganz im Nachdenken, Theoretisieren und Experimentieren aufgehen mag, lebt – ist er ein kreativer Wissenschaftler – durch Gipfelerfahrungen. Er lebt, so Abraham Maslow (1979, 171), „für die glorreichen Momente, wenn ein Problem sich selbst löst, wenn er plötzlich durch ein Mikroskop Dinge auf eine ganz andere Weise sieht, Momente der Offenbarung, der Erleuchtung, der Einsicht, des Verständnisses, der Ekstase".

Ein Beispiel für einen solchen kreativen Wissenschaftler ist C. B. Snow (in: Laski 1968,421). Er berichtet von der Erfahrung, die er machte, als er nach vielen Fehlschlägen eine wissenschaftliche Vorhersage nachweisen konnte:

„Dann geriet ich außer mir vor Freude. Ich habe versucht, etwas von den hohen Augenblicken, die mir die Wissenschaft vermittelte, aufzuzeichnen; die Nacht, als mein Vater zu mir über die Sterne sprach, die Vorlesung von Luard, die Eröffnungsvor-

lesung von Austin, Ende meines ersten Forschungsprojektes. Aber das jetzt war ganz anders als all das, total anders ... mein eigener Triumph, meine Freude, mein Erfolg, sie waren da, aber sie erschienen mir unbedeutend neben der ruhigen Ekstase. Es war, als ob ich nach einer Wahrheit außerhalb von mir geschaut hätte, um herauszufinden, daß es für einen Moment Teil der Wahrheit, nach der ich suchte, geworden ist; so, als ob die Welt, die Atome und die Sterne auf eine wunderbare Weise klar und nah bei mir wären, und ich ihnen, so daß wir Teil einer Helligkeit wären, die gewaltiger ist als jedes Geheimnis. Ich hatte nie gedacht, daß ein solcher Moment kommen könnte. Etwas von seiner Qualität hatte ich vielleicht schon einmal erfahren in dem beglückenden Gefühl, das aufkam, als ich Audrey die frohe Nachricht brachte. Und mich dabei zufrieden erlebte ... Seitdem habe ich nie mehr wieder eine solche Erfahrung gemacht. Aber eine Auswirkung wird das haben, solange ich lebe; einmal, als ich jung war, pflegte ich über die Mystiker zu spotten, die von der Erfahrung, der Einswerdung mit Gott und den Dingen schrieben. Seit diesem Nachmittag lachte ich nicht mehr darüber."

Er trank die Luft wie eine Lebendige Seele ein und wußte zugleich, daß sie es war, der er das Atmen und Lobsingen seiner eigenen Seele verdankte.

Gerhart Hauptmann

Es ist das größte Feuerwerk, das ich je sah. Das ist wie Neujahr und 14. Juli zusammen ... Dies ist phantastisch.

Fernsehreporter über die ersten Bombenangriffe auf Bagdad 1991

3. Gesichter von Ekstase: Endloses Betrachten – Raserei ohne Rücksichten

Stanislav Grof (1985,310) unterscheidet zwischen *ozeanischer* und *dionysischer* Ekstase. Im Unterschied zur dionysischen Ekstase mit ihrem Hang zum Wilden und Aggressiven, ist die ozeanische Ekstase gekennzeichnet von außergewöhnlichem inneren Frieden, von Ruhe und Ernsthaftigkeit; von dem Verlust von Ich-Begrenzung sowie von strahlender Freude und dem Gefühl, mit der Natur, dem Kosmos, Gott, verbunden zu sein.

Etwas von der Atmosphäre ozeanischer Ekstase mag folgender Bericht von André Gide (zit. in: Schiwy 1981, 183 f.) vermitteln:

„Abreise von Marseille ... Eingehen ins gestaltlose Meer; Wollust des Verzichtes; Ding sein ... Du kannst Dir nicht vorstellen, Nathanael, was schließlich bei dieser Lichtfülle aus einem werden kann; und in was für eine wollüstige Ekstase die beständige Hitze einen versetzt ... Ich gehe morgens ganz früh aus; wandle, blicke nichts an und sehe alles; in mir formt und gliedert sich

aus kaum gehörten Eindrücken eine wunderbare Symphonie. Ich bin da, der Frühling spielt in den Zweigen; wir wandeln und haben keine Gedanken mehr ... Oasen! Schwimmende Inseln in der Wüste ... Als wir an jenem Tage gegen zehn Uhr hinkamen, wollte ich zuerst nicht weitergehen; so groß war der Zauber ihrer Blumen ... Gärten! In manchem war einem zu Mute, als stiege man in die Fluten ... Am nächsten Morgen liebte ich nur noch die Wüste ... Karawanen! Wie gerne möchte ich mit Euch aufbrechen, Karawanen! ... Wie oft habe ich am frühen Morgen in den purpurnen Osten geblickt, der strahlenreich erflammte als ein Glorienschein – wie oft habe ich am Oasensaume, wo die letzten Palmen hinwelken und die Wüste über das Leben siegt, mich gegen den Quell des Lichts geneigt, der das Auge schon unerträglich blendete, und meine sehnsüchtigen Wünsche zu Dir schweifen lassen, Du weite Ebene, von Licht übergossen – und von sengender Hitze ... Welche Begeisterung wäre stark genug, welche Sehnsucht tief genug, welche Liebe glühend genug, um die Glut der Wüste zu überbieten? Herbes Land, Land ohne Güte, ohne Milde – Land des Durstes, der Inbrunst; Land der Propheten; Land des Leidens, Land der Ekstase – ach Wüste! Ich habe Dich bis zur Verzweiflung geliebt ... Ich habe Dich mit Inbrunst geliebt, Sandwüste. O wenn Dein kleinstes Stäubchen an seinem Ort vom Weltall Dir erzählen könnte! – Wo kommst Du her, Stäubchen? Aus welchem längst vergangenen Leben entstammtest Du? Von welcher Liebe gibst Du mir Kunde? – Staub will gepriesen sein.“

Die Ekstase, die einen Hang zum Wilden bis hin zum Aggressiven und Destruktiven hat, nennt Stanislav Grof (1985) *vulkanische* oder *dionysische* Ekstase. Es ist eine Ekstase, die sehr schnell umschlagen kann, die innen und außen außer Kontrolle geraten und sich in Gewalttätigkeiten Ausdruck verschaffen kann. Sie beflügelt den Mob, der feuerlegend und um sich wütend ganze Stadtviertel in Schutt und Asche legt. Sie überkommt die Fußballfans, die außer sich geraten, einander verprügeln, totschlagen oder tottreten. Sie mag auf subtile Weise gehobene Gefühle beim Menschen auslösen, die an der technischen Perfektion von Kriegsmaschinen Gefallen finden. Sie geraten ins Schwärmen – und der Golfkrieg ist ein gutes Beispiel dafür –, wenn sie erleben oder davon berichten, mit welcher Treffsicherheit und Präzision die Raketen ihre Zielobjekte erreichen. Und wenn sie ihr wahres Empfinden wirklich zulassen, müssen sie gestehen, daß ein berstender, wie in dem Lavaregen eines eruptierenden Vulkans verschwindender Gebäudekomplex oder ein getroffener Panzer, der in einem Flammenmeer aufgeht, Gefühle der Faszination, der Erregung, des Triumphes in ihnen auslösen.

Um den Verlust der Illusionen ertragen zu können schlägt Ernst Jünger (1991,69) den Ausweg in die Ekstase vor: „Das ist ein Rausch über allen Räuschen, eine Entfesselung, die alle Bande sprengt. Es ist eine Raserei ohne Rücksichten und Grenzen, nur den Gewalten der Natur vergleichbar. Da ist der Mensch wie ein brausender Sturm, das tosende Meer und der brüllende Donner. Dann ist er verschmolzen ins All, er rast den dunklen Toren des Todes zu wie ein Geschoß dem Ziel."

Das ist auch eine Seite der Ekstase, in der das Unbarmherzige, Hemmungslose der der Natur innewohnenden Kräfte zum Ausdruck kommt, die entfacht, blindlings darauf loslaufen, rücksichtslos um sich schlagen, – ungebändigte Urgewalten. Es ist entseelte Ekstase. Es ist nicht die Ekstase, die Ausdruck von Boden, dem Grund im Menschen ist. So würden zumindest die einen sagen. Andere würden sagen, auch in dieser sogenannten entseelten Ekstase kommt Urgründiges vom Menschen zum Ausdruck, schafft sich etwas in ihm freie Bahn, das sich als aggressiv und destruktiv erweist. Ob die in der entseelten Ekstase sich Ausdruck verschaffende Kraft dem Grund des

Menschen entstammt oder lediglich die Rache unterdrückter, nicht zugelassener wesentlicher ekstatischer Erfahrung darstellt, – es gibt sie, diese Ekstase, in der „das Tier als geheimnisvolles Ungeheuer vom Grunde der Seele" auftaucht (Jünger 1991,69).

Erschreckend deutlich zeigt das Ernst Jünger am Kampf im Krieg auf. „Da schießt es hoch aus verzehrender Flamme, als unwiderstehlicher Taumel, der die Massen berauscht, eine Gottheit, wie über den Heeren thronen. Wo alles Denken und alle Tat sich auf eine Formel zurückführt, müssen auch die Gefühle zurückschmelzen und sich anpassen der fürchterlichen Einfachheit des Zieles, der Vernichtung des Gegners" (69).

Diese andere Seite von Ekstase mag vielfach ihre Ursache haben in einem sonst nicht zugelassenen und erfüllten Verlangen nach Erfahrungen, die uns innerlich hüpfen, außer uns geraten, zutiefst erregen lassen. Werden dieses Verlangen, werden diese Impulse nicht zugelassen – und sie sind zunächst ganz menschlich, dem Menschen gutwollende Momente –, suchen sie sich einen anderen Weg, bis sie sich schließlich in unmenschlichen, dem Menschen übelwollende Impulse äußern.

Die Fähigkeit zur Ekstase dürfte beim Kleinkind und jungen Menschen bereits angelegt sein und findet beim Erwachsenen entsprechend dem jeweiligen Lebensalter ganz unterschiedliche Ausprägungen. Vor der Mitte des Lebens wird sie stärker im körperlichen Erleben und dabei auch in der körperlich sexuellen Ekstase und Freude nach Ausdruck verlangen. Ab der Lebensmitte wird sie dann stärker im seelischen und spirituellen Ergriffensein den ihr angemessenen Ausdruck finden. Das ist allerdings nur im Sinne einer Akzentuierung zu verstehen, auch deshalb, weil natürlich eine sexuell ausgelebte und ins Leben gebrachte Ekstase, die mehr den Charakter einer ozeanischen Ekstase hat, also auch die Erfahrung der alle Grenzen sprengenden Vereinigung mit einem Größeren zuläßt, unwei-

gerlich auch in die Bereiche vordringen kann, die für die spirituellen Seiten in uns stehen. Von der Tiefe der so verstandenen sexuellen Erfahrung zum Klingen gebracht, mögen diese – spirituellen – Erfahrungen ebenso in Erregung geraten und einstimmen in den Tanz der Ekstase zur Freude des Menschen und zum Lobe Gottes. Auf der anderen Seite mag eine zunächst anscheinend „nur" spirituelle Ekstase, ein tiefes Ergriffensein von Gott und seiner Schöpfung, verbunden mit dem Gefühl der Einswerdung mit dem Schöpfer und seiner Schöpfung, in die Bereiche in uns vordringen, die für die sexuelle Seite in uns empfänglich sind und sie zum Schwingen bringen, mit der Folge, daß die spirituelle Ekstase Gefühlsebene und Körper miteinbezieht, den wirklich vernachlässigten oder schon für tot erklärten sexuellen Erfahrungs- und Empfindungsbereich wieder aufweckt.
Einer sogenannten vulkanischen Ekstase, um die Unterscheidung von Stanislav Grof zu übernehmen, wird die Offenheit für das Zulassen der spirituellen Dimension abgehen. Genau das aber mag der Grund dafür sein, daß sie, begrenzt wie sie in ihren Erfahrungsmöglichkeiten ist, immer mehr, immer schnellere Bewegungen benötigt, nach immer mehr Anregungen, „irren", außergewöhnlichen Erfahrungen verlangt, immer mehr Aufputschmittel und Orgasmen konsumieren muß, um am Leben erhalten zu bleiben.

Um sich unserer Gesellschaft anpassen zu können, wurde unseren Kindern die Ekstase ausgetrieben.

Ronald D. Laing

4. Freude – Tanz der Ekstase

Die Impulse, aus uns heraustreten zu wollen, in eine innere, gehobene Stimmung zu kommen, ja in Wallung zu geraten bis hin zum Verlangen, dieses Aufgewühltsein in körperlichen Bewegungen zu unterstreichen, ist uns, ob wir es wollen oder nicht, zu eigen. Es verlangt, beachtet zu werden. Es verlangt danach, gelebt zu werden. Wir haben Formen gefunden, die es uns möglich machen, in einer verantwortlichen und menschenwürdigen Weise dem gerecht zu werden. Die ekstatische Erfahrung im sexuellen Zusammensein, wenn im Zittern, Zucken und Beben der beiden Körper die Seele ihr höchstes Alleluja singt, oder das zum Teil unbändige Treiben beim Karneval und Fasching, – all das kommt unseren Bedürfnissen und Verlangen nach Ausgelassenheit entgegen.

Doch es gibt auch andere, weniger auffällige und demonstrative Formen, diesen Impuls ins Leben zu übersetzen. Entscheidend ist, zu erkennen, daß dahinter eine Lebensader, eine Triebfeder steht, voll geballten Lebens, die sich für und über unser Leben ausgießen und verschwenden will. Es ist die Quelle von Eros.

Es ist auch die Quelle der Freude. Nicht einer Freude, die sich beschränkt auf Worte wie: „Ich freue mich“, „es ist mir eine große Freude“. Auch nicht die Freude, die Talk-Shows oder routinierte Büttenredner am laufenden Band zu vermitteln sich bemühen. Es ist ein Grundempfinden. Ein Gefühl, es ist gut, daß ich bin. Es ist ein Ja zum Leben, ein Gefühl der Dankbarkeit und stiller Seligkeit, das sich allerdings auch sehr schnell in lauten, ungeschminkten Freudesausbrüchen zeigen kann.

Um sich unserer Gesellschaft anpassen zu können, wurde unseren Kindern, so Laing (1962,144), die Ekstase ausgetrieben. Ekstase meint hier Spontaneität, schier verrückt werden vor Freude, im Hier und Jetzt zu leben, lachen und weinen, wenn einem danach ist, Unmögliches zu denken und zu sagen usw. Sie meint vor allem aber die Fähigkeit und Gabe, sich ungehindert und aus dem Moment heraus freuen zu können.

Ich erinnere mich lebhaft, wie unsere Tochter Dorothea das erste Mal herzhaft lachte. Sie wollte gar nicht mehr aufhören. Wir hatten ihr einen Ball geschenkt und ließen den Ball auf dem Boden auf und ab dotzen. Ich hatte bisher noch keinen Menschen so natürlich und aus vollem Herzen lachen gesehen. Ich konnte gar nicht anders, als mit zu lachen, so ansteckend wirkte ihr Lachen. Es war so frisch und natürlich, so rein und zugleich mächtig in seiner Wirkung. Ein anderes Mal, als wir einen kleinen Zoo besuchten, konnte sich Dorothea gar nicht mehr „kriegen" vor Lachen, als ein Rabe – hinter Gittern – vor ihr hin und her hüpfte. Sie machte die Bewegungen nach, laut quietschend und lachend, voller Vergnügen.
Ähnliches erlebe ich, wenn ich unseren neunmonatigen Thomas hochhalte und ihn bauchwärts langsam über meine Haare bewege, dann lacht er vor Vergnügen, ein gurgelndes, freies, ansteckendes Lachen. Es gibt wenige Momente, in denen ich mir als Erwachsener erlaube, mich so gehenzulassen, die kindliche Seite in mir zuzulassen. Ganz abgesehen davon, daß ich oft gar nicht in der Lage bin, ja unfähig bin, spontan zu lachen oder zu weinen, überhaupt aus dem Moment heraus zu leben und zu handeln. Am ehesten gelingt es mir noch in meiner Begegnung mit Gott, in meinem Beten und Singen, im Erlebnis der Eucharistie – wobei hier bereits äußere Formen in der Regel das Ausmaß der Spontaneität begrenzen. Diese ungehemmte, kindliche Seite kommt weiter zum Leben in der Beziehung zu meinen

Kindern und in der Liebe zu meiner Frau. Ansätze im Zulassen der kindlichen, spontanen Seite in mir, erlebe ich immer wieder einmal in meiner therapeutischen Begegnung mit Ratsuchenden, wenn ich im Rahmen dieser besonderen Situation die kindliche Seite in der anderen Person spüre oder ansprechen möchte.

Die Leidenschaft des Wiedersehens, der Tanz zwischen dem Soldaten und Christine in dem Film „Der mit dem Wolf tanzt" – das ist auch Ekstase. Unbändige Freude und unersättliche Leidenschaft verschaffen sich Ausdruck. Eine erfrischende, kindgleiche Lebendigkeit ergreift die Liebenden, läßt sie hemmungslos ineinanderfallen, den Tanz des Lebens feiern. Nichts vermag sie zurückzuhalten. Schon aufgegeben, sind sie sich wiedergegeben. Ekstase als Exultet. Der Tanz der Ekstase als Alleluja auf das Leben des jeweils anderen. Die Erfüllung nicht zu hoffen wagender Sehnsucht bringt sie zum Beben und Taumeln, ja berauscht sie schier, so unfaßbar ist für sie das Wiedersehen. Es ist der Siegestaumel im Bewußtsein noch einmal davongekommen zu sein, den Tod geschmeckt zu haben, ihm aber schließlich doch entronnen zu sein.
Es ist die Freude, die ich, je mehr ich mich mit Ekstase befasse, als das entscheidende Element von Ekstase ausmachen kann (vgl. Johnson 1989). Freude ist der Ausdruck von *sein*. In der Freude drückt sich die Wahrnehmung und das Bewußtsein aus: Ich bin, ich existiere. Und das ist gut. Und: Ich danke Dir, meinem Gott, daß ich bin, Du mich geschaffen hast, mich ins Leben gerufen hast, Dich für mich entschieden hast. Freude ist etwas Existentielles. Sie ist Ausdruck der Dankbarkeit, daß ich überhaupt bin. Sie kann leicht verlorengehen in den alltäglichen Geschäften und Sorgen, die mich besetzen, mich zumachen, mich wegführen von dem In-Berührung-Sein mit dem Bewußtsein und dem Gefühl der Dankbarkeit, überhaupt zu sein.

Dann bin ich plötzlich wieder in Berührung damit, lasse ich mich wieder küssen von der Erfahrung, zu *sein*, spüre ich wenigstens etwas von diesem Wunder und Wunderbaren. Jetzt kann die Freude sich wieder ausbreiten, atmen, mich erfassen. Ähnlich ergeht es mir, wenn ich nach Stunden oder Tagen, in denen ich so sehr mit anderem beschäftigt bin, daß ich dabei vergesse, daß es Gott gibt, plötzlich mir wieder bewußtmache, daß es ihn gibt. Ich bin dann erleichtert, gestärkt, und fühlte ich mich zuvor belastet, so breitet sich jetzt Freude aus. Nicht diese jubilierende Freude, sondern eine leise, tief von innen kommende Freude. Die Freude darüber, daß ich *bin*, daß Gott *ist*, ich von ihm geschaffen worden bin und er mich umfaßt.

Vor vielen Jahren träumte ich, ich sei ein Chorleiter und übe das „Großer Gott wir loben dich“ ein. Ich war nicht sehr erfolgreich dabei. Als ich am nächsten Morgen aufstand, sang ich das Lied „Großer Gott wir loben dich“. Während des Singens schoß es mir durch den Kopf: Es gibt ja Gott. Und da geschah es. War ich vorher noch voller Gedanken, warum ich so spät aufgestanden bin, was der Tag wohl bringen wird, leicht traurig, leicht unerfüllt, etwas zugedeckt, – da war plötzlich Freude, reine Freude. Da hat diese Freude plötzlich Raum gehabt sich auszudehnen, so daß ich sie überall in mir spüren konnte. Es gibt Gott. Das hat Konsequenzen für mein Leben. Da ist jemand, der mir es ermöglicht, nicht bei all den großen und kleinen Sorgen meines Lebens hängenzubleiben.
Warum? Weil ich nicht alleine all das meistern muß. Weil ich nicht alleine bin bei all den Überlegungen, wie mein nächster Schritt aussehen soll. Da ist jemand, der schlägt mir die Bahn frei, auf der ich ohne ihn herumirre, bedacht dies und jenes zu berücksichtigen, das noch mitzukriegen, jenes nicht zu vernachlässigen. Gott gibt es. Das sagt mir: Du brauchst nicht soviel unnütze Energie in dein Leben investieren. All die Energie,

die du verwendest, um geehrt zu werden, um erfolgreich zu sein, um bei Frauen anzukommen, um den Traumberuf zu erhalten usw. Natürlich muß ich auch weiterhin dafür Energie aufwenden, nur: Jetzt kann ich einfach die vorhandene Energie laufen lassen mit einem Ziel im Blick. Doch ich mache dieses Ziel nicht länger zum absoluten, im Wissen um den Absoluten. Und dann werde ich sehen: Ich komme weiter, ich erreiche mein Ziel – in Freude.
Am Ende des Tages notierte ich mir:
Es war ein Tag wie das Leben sein sollte. Es war ein Tag des Hier und Heute, des hic et nunc.

Der inzwischen verstorbene Schriftsteller Wolfgang Hildesheimer schreibt, daß alles nachlassen wird ... das Sehen, das Hören, zuallererst aber das Lachen. Das ist oft so, muß aber nicht so sein. Es gibt viele alte Menschen, die noch herzhaft lachen können oder bei denen man in der Begegnung mit ihnen spürt, daß in ihnen noch etwas lebt, schwingt, sie am Leben erhält, das über die Fähigkeit, zu funktionieren und einigermaßen zurechtzukommen, hinausgeht. Sie leben nicht einfach in dem Sinn, daß sie atmen und sich bewegen. Da ist mehr da. Da ist etwas Ekstatisches, das sie durchzuckt, sie wach, interessiert sein läßt, sie lachen und weinen läßt, sie offen und hoffnungsvoll sein läßt.
Wer nicht schon im Leben tot sein will, wer nicht sein Leben nur für etwas aufbrauchen will, sondern während seines Lebens lebendig bleiben will, der muß umkehren und werden wie die Kinder, die einfach leben, die hüpfen, also nach vorne springen und darin auch in ihren Bewegungen ihre Hoffnung zum Ausdruck bringen. Der Tanz der Ekstase begleitet uns durchs ganze Leben, zumindest kann er es, wenn wir dafür offen sind. Ja er begleitet uns auch im Sterben und im Leben nach dem Tod.

Sexualität ist nicht Ekstase ohne Auftrag. Sie ist ein Sakrament der Intimität, das zur Selbstoffenbarung, zum Vertrauen, zur Freundschaft führt.

Daniel Maguire

5. Ekstase und Sexualität

Im „Commonelace“, einer in San Francisco und Umgebung weit verbreiteten Broschüre, die über Workshops im Bereich der Therapie, Kunst, Körperarbeit und Spiritualität informiert, wird in folgender Beschreibung ein Kurs über sexuelle Ekstase angepriesen:

„Tantra, der Pfad zur sexuellen Ekstase. Der Tantra-Wochenend-Kurs hat zum Ziel, die Art und Weise, in der du deine natürliche Sexualität zum Ausdruck bringst, auf eine andere Ebene zu bringen. Er wird dich dazu bewegen, veraltete Vorstellungen über Beziehungen, deinen Körper und Sexualität zu überwinden. Menschen, die Tantra praktizieren, machen die Erfahrung, daß sie durch engere emotionale Bande in eine einzigartige Weise von Anwesenheit gelangen. Das sexuelle Zusammensein und Sich-Lieben wird zu einer wirklichen intimen, verlängerten lustvollen Erfahrung.“

Hier wird viel versprochen – und das innerhalb von drei Tagen. Man mag darüber phantasieren, was mit alten Vorstellungen über Beziehungen und dem eigenen Körper gemeint ist. Die Betonung der Qualität der Anwesenheit, der tiefen emotionalen Verbindung und das Versprechen zu einer wirklich tiefen intimen, sexuellen Erfahrung bewegt zu werden, könnten als ein ganzheitlicher Ansatz für die Förderung sexueller Ek-

stase gedeutet werden. Allein die Ankündigung innerhalb weniger Stunden das erreichen zu können, läßt einen vorsichtig und zurückhaltend sein.
Was hier versprochen wird, mag sehr nahe an das herankommen, was man üblicherweise unter sexueller Ekstase und deren Intensivierung versteht: Verlängerung des ekstatischen Zustandes, des Außer-sich-geraten-Seins, verbunden mit der Erfahrung von Lust, nie enden sollender Seligkeit. Es ist die Erfahrung des Orgasmus, wenn sich für wenige Augenblicke alles zu lösen scheint, die Erfahrung anscheinend unüberbietbarer Glückseligkeit aufkommt, und Körper, Psyche und Geist außer Fassung und außer sich geraten. Diese Erfahrung ist ekstatisch, und sie ist eine Erlebnisweise, mit der eine Hochform von Ekstase erlebt werden kann.

Sehr anschaulich beschreibt das David H. Lawrence (1960,351): „Wenn er anfing sie zu lieben, war die Erregung meist so stark, daß sie alles im gewaltigen Schwung mit sich riß, Vernunft, Seele, Glut, wie der Trent seine Wirbel und Strudel geräuschlos mit sich reißt. Langsam versank dann die kleinliche Kritik, versanken die kleinen Empfindungen, auch der Gedanke versank, alles wurde mitgerissen in dem einen Strom. Er wurde kein Mensch mit Verstand, wurde ein großer Trieb. Wie lebendige Wesen wurden seine Hände; seine Glieder, sein Körper war Leben und Bewußtsein, waren seinem Wollen nicht länger unterworfen, lebten in sich. Und wie er schienen die winterlichen Sterne voll starken Lebens. In ihm und ihnen schlug der gleiche Feuerpuls, und die gleiche kraftvolle Freude, die den Farnkrautwedel vor seinen Augen aufrecht hielt, hielt auch seinen Körper aufrecht. Es war, als würden er und die Sterne und die dunkle Pflanze und Clara von einer ungeheueren Flammenzunge aufgeleckt, die vorwärts und rückwärts stürmte. Alles raste voller Leben an ihm vorüber; alles war zu-

gleich mit ihm still, vollkommen in sich. Diese wundervolle Stille in allem, die in mächtigerer Lebensfülle einherrast, schien allerhöchste Seligkeit.“

Sosehr der ekstatische Weg über die Orgasmus-Erfahrung führen kann, die Orgasmus-Erfahrung an sich ist noch nicht notwendigerweise jederzeit zugleich eine ekstatische Erfahrung. Zur Gipfelerfahrung wird die sexuelle Erfahrung erst, wenn über die körperliche Erregung und Stimulanz hinaus Psyche und Seele mit angesprochen werden und das, was sich auf der körperlichen Ebene ereignet, in ihre Erfahrungs- und Ausdrucksweise umgesetzt wird. Sie geben der körperlichen Erfahrung eine Stimme. Sie geben ihr einen Boden und Hintergrund, indem sie sie mit Gefühlen versehen. Das tief empfundene Glück, das übersprudelnde Alleluja, die hemmungslosen Lustschreie, das Bewußtsein der Beiwohnung eines spirituellen Geschehens bedarf ihres Mitwirkens.
Es macht so gesehen Sinn, wenn gesagt wird, jemand könne zwar zweimal kurz hintereinander einen Orgasmus haben, nicht aber eine Ekstase. Die Erschütterungen der Ekstase gehen tief. Sie lösen viel aus. Sie wirken nach, zuweilen wie die Nachwirkungen eines Vulkanausbruchs. Die Nachwirkungen gehören genauso zur Ekstase wie der Augenblick der tiefsten und heftigsten Erschütterung. Mitunter sind sie von einer intimeren, bewußter erfahrbaren Qualität als der Moment der Eruption. Das gilt auch für die Zeit danach, sofern Psyche und Seele beteiligt sind. Spätestens aber wenn Psyche und Seele ihre Schleusen geöffnet haben und einstimmen in den Jubel der Seligkeit, können sie nicht einfach gestoppt werden, wenn die körperliche Erregung ausgeklungen ist. Sie fließen weiter, geöffnet wie sie sind, und verlangen danach, sich weiter zu ergießen. Sie streben danach, das gerade Erfahrene und im Augenblick Erfahrene zu genießen. Ihre Quellen versiegen, ja, sie

werden auf eine für sie schmerzliche Weise zurückgestoßen, wenn die sexuelle Stimulanz und Erfahrung sich vollzieht, ohne eingebunden zu sein in eine personale, emotionale und für die spirituelle Erfahrung offene Beziehung.

Die ekstatische sexuelle Erfahrung kann auch den Weg eröffnen zur ekstatischen spirituellen Erfahrung. Manche, gerade auch junge Menschen, erleben die intime, ganzheitliche sexuelle Begegnung als eine der wenigen Momente ihres Lebens, in denen sie überhaupt erst eine Ahnung von etwas erspüren, das über sie hinaussteigt. „In der Intimität und Zärtlichkeit ‚transzendiert' man die gewohnte, und unpersönliche Umgebung ... Für viele junge Menschen gibt es keine menschliche Erfahrung, die mehr an Ungewohntem, Freude und Heiligkeit mit sich bringt, als das sexuelle Zusammensein. Es ist diese Erfahrung, die für viele die religiöse Sprache wieder bedeutungsvoll macht" (Nowak 1964,344). Und Petra Kelly (zit. in: Wild-Missong o.J.,10) meint: „Die innere Verwandtschaft von religiöser Mystik, seelischer Liebe und körperlicher Erotik beruht darauf, daß der wahre Eros seiner Natur nach die Ich-Schranke überwindet und somit zu einer mystisch-transzendentalen Erfahrung führt." Die Sexualität birgt also, so Agnes Wild-Missong, die Möglichkeit spiritueller Erfahrung in sich, nur führt sie die Menschen nur selten dahin, weil der psychische Freiraum für den/die Partner/in nicht gegeben ist. Der Raum ist mit viel Egoismus vollgestopft, die vorbehaltlose Liebe und Offenheit für die Gotteserfahrung im anderen, für die Verschmelzung, ist nicht vorhanden. Ereignet sich dieses Wunder dann doch einmal, dann führt der wahre Eros den Menschen zu seiner ursprünglichen Einheit und damit zu Gott zurück.

In einer gerade veröffentlichten Untersuchung von Andrew Greely heißt es, daß es einen Zusammenhang gibt zwischen dem Ausmaß der sexuellen Ekstase und der Fähigkeit und Bereitschaft, offen zu sein für die spirituelle Dimension. Wo diese

Offenheit der Partner während des sexuellen Zusammenseins gegeben war, ließ sich eine deutliche Intensivierung des sexuellen Erlebens nachweisen. Die Erfahrung von Ekstase im sexuellen Zusammensein kann erhöht und zugleich vertieft und gegebenenfalls auch verlängert werden, wenn die Bedeutung der emotionalen und spirituellen Seite genügend gewürdigt wird.

Entscheidend ist auch, daß die Erfahrung der sexuellen Ekstase für beide Partner fruchtbar gemacht wird und das, was sie verbindet, darin noch stärker zum Ausdruck gebracht wird. In der Ekstase soll die Freude über diese Verbindung sich Bahn brechen. Denn Sexualität ist ja nicht nur etwas, bei dem es darum geht, ein Wonnegefühl bei sich zu erzeugen und zu erfahren. Sie ist nicht, so Daniel Maguire (in: Donnelly 1984,22), „Ekstase ohne Auftrag. Sie ist ein Sakrament der Intimität, das zur Selbst-Offenbarung, zum Vertrauen, zur Freundschaft führt und das verbindet. Es ist eine Weise mit einer anderen Person in Kontakt zu kommen."

> Ekstase ist ursprünglich: Eingehen in Gott.
>
> *Martin Buber*

6. Ekstase und Spiritualität

In der Ekstase, so Martin Buber (1923,14), empfängt der Mensch „eine Offenbarung seiner Freiheit", er erlebt das Erleben des Ich. „Er kann dieses Erlebnis nicht dem allgemeinen Geschehen aufladen, er wagt nicht, es auf sein armes Ich zu legen, von dem er nicht ahnt, daß es das Welt-Ich trägt; so hängt er es an Gott. Und was er von Gott meint, fühlt und träumt,

geht wieder in seine Ekstase ein, schüttelt sich in einem Schauer von Bildern und Klängen über sie aus und schafft in dem Ereignis der Einheit ein vielgestaltiges Mysterium."
Martin Buber erdet die ekstatischen Bekenntnisse, indem er sie auf den Menschen zurückführt. Sie entstammen dem Menschen, sie sind unvollkommener, unvollständiger Ausdruck seines Allerinnersten. Man ist geneigt, was man in den ekstatischen Bekenntnissen sagt, Gott anzuhängen, doch es bleibt im Ich verhaftet. Worte, Sprache, vermögen niemals „in das Reich der Ekstase einzugehen". So glaubt Martin Buber (18) auch an die Ekstase, „die nie ein Laut berührte, wie an ein unsichtbares Heiligtum der Menschheit".
Ekstase ist für Martin Buber (17) weiter „der Abgrund, den kein Senkblei mißt: Das Unsagbare". Die Männer und Frauen, die ihre ekstatischen Erfahrungen ins Wort bringen, gehören für ihn „in die Gemeinschaft jener, die von jenem Abgrund zu erzählen wagten" (6). Martin Buber (5): „Wir lauschen dem Sprechen eines Menschen von seiner Seele und von seiner Seele unaussprechlichem Geheimnis." Er (130) führt als Beispiele u. a. Angela v. Foligno an, die in einem ekstatischen Bekenntnis sagt: „Zwischen der reinen Liebe ... und der ... todgleichen und der allergrößten Liebe ist ein Mittleres, davon ich nicht zu erzählen vermag: denn es ist von so großer Tiefe, und von so großer Wonne, und von so großer Freudigkeit, daß es nicht in Worte gefaßt werden kann ... Und nichtig erscheint mir, was vom Evangelium gesagt wird oder vom Leben Christi oder von irgendeiner Rede Gottes; denn Größeres und Unvergleichliches schaue ich in Gott."
So unsagbar die Ekstase ist, sie ist das allerinnerste Erlebnis „das aus der Seele selber in ihr wächst ohne Berührung und ohne Hemmung, in nackter Eigenheit (12)". Es ist der Moment, in dem die Seele in sich selbst steht, sich selbst hat, sich selber erlebt – schrankenlos. Sie erlebt sich als Einheit, „weil sie sich

ganz in sich eingesenkt hat, ganz auf ihren Grund getaucht ist, Kern und Schale, Sonne und Augen, Zecher und Trank zugleich". Auch wenn der Versuch, Ekstase ins Wort zu bringen, scheitern muß, kommt in ihr, im Sprechen über sie, das „innerlichste Erlebnis" des Menschen zum Ausdruck, das „zugleich allgemeinste und persönlichste, das, an dem es sich zugleich ganz als die Kreatur und ganz als ein unwiederholbar Einziges bekundet" (9).

Das liturgische Gebet kann, so Johannes Kassius (zit. in: Merton 1971,49 f.), im sogenannten Glutgebet einmünden in „jene wortlose und unaussprechliche Erfahrung des Geistes und der Seele" (59). Dann ist, so Kassius, „die Seele erleuchtet durch die Eingießung eines himmlischen Lichtes; sie bedient sich keiner menschlichen Sprachform, sondern mit all ihrer gesammelten Kraft dringt sie vorwärts und schreit auf zu Gott in einer unbeschreiblichen Weise. Sie sagt dann in einem kurzen Augenblick so viel, daß sie es später, wenn sie wieder zu sich kommt, nicht leicht wiedergeben oder auch nur sich daran erinnern kann."

Dieser Beschreibung des „Glutgebetes" von Kassius haftet bereits etwas Ekstatisches an. Es kennt Momente des Übersteigens. Ich trete in diesem Augenblick heraus aus dem Üblichen, die Sprache und in einer gewissen Weise auch der Verstand versagen mir jetzt ihren Dienst. Sie treten zurück, damit etwas, das sie übersteigt und sprengt, zum Zuge kommen kann. Ich überlasse mich in diesen Momenten einem inneren Treiben, einem vom Innersten in mir kommenden Verlangen hin zu Gott. Etwas in mir, das durch mein allzu formales, rationales Sprechen über oder zu Gott vielleicht zurückgehalten wurde, darf jetzt einfach fließen. Es muß sich nicht mehr länger aufbäumen gegen die Sperren, die meine Rationalisierungen darstellten. Jetzt kann die ganze Kraft ausschwingen hin zu *Dem*, wonach es ihr verlangt.

Jetzt ist auch nicht mehr nur mein Kopf beteiligt, jetzt lärmen mein Leib und meine Seele hin zu Gott. Mein Leib und meine Seele schwingen mit ein in die endlich zugelassene Schwingung hin zu Gott. Das aus dem Innersten in mir entbundene Beben erschüttert mich ganz. Es durchströmt mich die aus dem Tiefsten in mir herausgestoßene Glut, die mich für einen heiligen Moment etwas von meinem Innersten, dort wo Gott mir am nächsten ist, erahnen läßt.
Es ist dieser heilige Moment, in dem ich nichts anderes mehr will als Dir, meinem Gott, nahe zu sein. Ich bin überwältigt und ergriffen von der Erfahrung, daß Du bist und Du mir nahe bist. Es ist der heilige Moment tiefster Gelassenheit, ja ein Zustand von Seligkeit. Mitten im Leben stehend, fühle ich mich doch herausgehoben, eingefangen in eine Sphäre, in der es nur noch Dich und mich gibt, in der ich nur noch hin zu Dir will und eintauchen möchte in diese so anziehende Hinwendung zu Dir. Ich will in Kontakt treten mit Dir, mich hineinversenken in Dich, mein Gott. Ich will nicht aufgehen in Dir. Ich will mich spüren in der Erfahrung meines Eintauchens und Versenkens in Dir, meiner Verbindung mit Dir.
Die Erfahrungen, die mit dem „Glutgebet" einhergehen, können aber auch noch ekstatischere Züge annehmen. Thomas Merton (1971,50) schreibt: „Von Evagrius können wir einen klassischen Satz über das Gebet des Fortgeschrittenen wiedergeben ... Wir wissen, daß wir ‚nahe' sind, ‚wenn das Begriffsvermögen sich in glühender Liebe zu Gott mehr und mehr vom Fleische löst und alle Gedanken, die aus den Sinnen, dem Gedächtnis oder der Stimmung rühren, aufgibt, während es gleichzeitig mit Ehrfurcht und Freude erfüllt wird'."
Ekstase ist der Moment höchster und dichtester Unmittelbarkeit. Es ist der Moment, wo ich ungehemmt ich selbst bin, ich mich selbst sein lasse. Es ist der Moment, in dem ich in der Begegnung mit Gott alle Schleusen in mir öffne, um einfach das,

was mich bewegt, auf Gott hinströmen zu lassen. Jetzt halte ich nichts mehr zurück. Über mich „gerät das Wetter einer Gewalt, eines Überschwungs, einer Unendlichkeit“ (Buber 1923,14), da meine „ursprüngliche Sicherheit“, die Schranke zwischen mir und dem anderen, untergegangen ist. Ich komme in Berührung mit meinem Grund, weil in Erschütterung geraten, ich auf mich selbst zurückgeworfen werde. Die Formen, Fassungen, äußeren und inneren Strukturen, die mich bisher aufrecht erhielten, sind eingestürzt, nachdem ich die Schleusen geöffnet und damit möglich gemacht und erlaubt habe, daß das in mir zum Zuge kommt und fließen darf, was in mir drängt, zugelassen zu werden. Das aber hat seinen Sitz in meinem Grund. Dort ist seine Quelle. Es ist die Wohnung meines Allerpersönlichsten, das jetzt – endlich – schrankenlos zum Ausdruck gebracht, so vor Gott hingetragen werden darf.

Und ist es nicht selbstverständlich, daß in diesem uneingeschränkten Sich-Eröffnen vor Gott, in dieser unmittelbaren Begegnung mit IHM, wo nur noch ICH und DU, DU und ICH zählen, das Gefühl, der Wunsch und die Vorstellung sich einstellen, in Gott einzugehen, sich körperlich mit Ihm zu verbinden. Und von mir her gesehen bin ich ja auch in diesem Moment, in dem alles in mir auf Gott hinfließt –, und offen wie er ist, in Ihn eindringt –, mit Ihm verbunden. Weiß ich nicht mehr, was außen, was innen ist, wie „Einer, von einem geliebten Weibe umschlungen, kein Bewußtsein hat von dem, was außen oder innen ist“ (Buber 1923,13). Es ist der Moment, in dem ich mit Angelus Silesius ausrufen kann: „Ach ja, wär ich im Du und Du im Ich ein Ein. So möchte tausendmal der Himmel Himmel sein.“

Bei Stefan Zweig (1984) heißt es: „Und ich nahm diese heiß vorstoßende, diese glühend eindringliche Stimme in mich auf, schauernd und schmerzhaft, wie ein Weib den Mann in sich empfängt ...“. Da wird aus Kommunikation Kommunion, wo ich den anderen so tief in mich einlasse, daß er mir so nahe ist wie im körperlichen sexuellen Zusammensein von Mann und Frau. Gottes Wort, er selbst nimmt bei mir Wohnung, kehrt bei mir ein, wo ich ihm in meinem Brennen und Sehnen nach ihm, den Weg öffne zu meiner Mitte. Da erkenne ich Gott im Sinne von *jadah*, wo ich ihn voll Leidenschaft und Verlangen wie die Frau den Mann in mir empfange. Wo Gottes leidenschaftliches Verlangen, mir nahe zu sein, auf mein leidenschaftliches Begehren, ihm nahe zu sein, trifft, werden wir zu einem, wird sein Wort Fleisch.

So kann im Rahmen der Eucharistiefeier die Wandlung zum Höhepunkt der Einswerdung, der Erfahrung dieser Einswerdung mit Gott werden. Zum Moment, in dem ich innerlich erschauernd, mit Hochgenuß und voll Schmerz zugleich, der innigsten Vereinigung mit Gott beiwohne, die Erfahrung meines tiefsten Sehnens für wenige Augenblicke, jetzt schon erfahre, wenigstens aber erahnen darf. Es ist eine Erfahrung, die, wie es Dieter von Hildebrand von der sexuellen Begegnung sagt, etwas an die Wurzel des leiblichen Seins Gehendes hat. Eine Erfahrung von Ekstase, die nach innen wirkt. Bei der Gottes Wort, Gott selbst, in mich eindringt, mich erfüllt, sich in mir ausbreitet, mich weiter macht, in mir jene Tiefe entbindet, mich zu jenen Quellen führt, die, dürfen sie in mir wirken, sich über mich ergießen, das Leben in mir ermöglichen, mich innerlich in Wallung versetzen, ein Gefühl unendlicher Gelassenheit, Zufriedenheit und Glück verbreiten.

Oft mag diesem Erleben die Erfahrung von Schmerz vorausgehen, Schmerz, den ich empfinde, wenn jemand in mich eindringt, ich plötzlich nicht mehr alleine bin, sondern mit einem anderen – so sehr er ersehnt und erwünscht ist – konfrontiert bin. Er sich in mir ausbreitet, den Weg zu meiner Tiefe bahnt. Doch auch diese Erfahrung des Schmerzes gehört dazu, ja im ekstatischen Erleben schwingen auch als Nachwehen die Er-

schütterungen der schmerzlichen Erfahrung mit. So ist im ekstatischen Nicht-fassen-Können der Mutter, die ihr gerade entbundenes Kind in den Händen hält, noch der Nachklang der schmerzvollen Erfahrung der Niederkunft anwesend.
In der Erfahrung von Ekstase zeigt Gott selbst Seiten und Dimensionen von sich, die ihm in besonderer Weise eignen. In der Ekstase zeigt er etwas von sich, bringt er etwas von sich zum Ausdruck, läßt er etwas von sich und über sich erahnen, das so viel mehr, als das aktuelle Sprechen über ihn oder ein seelenloses Beten zu ihm, wirklich Kontakt zu ihm schafft, ihn vertrauter macht, ihn wahrhaft erkennen läßt, im Sinne von erfassen, erspüren, erfühlen, erkosten.

Im Zustand des Ekstatischen ist der Glauben am lebendigsten.

7. Ekstase – das zu Fleisch gewordene Wort Gottes

„Sex ist das einzig Blühende, das in dieser Welt aus Stahl und Beton übrig geblieben ist", zitiert Sam Kien (1986,139) einen Unbekannten und meint damit, daß man den Genitalien „in dieser Wüste gleichsam die Rolle der Oase zugesprochen" hat; „wir erwarten, daß uns Sex für das geschändete Leben unserer übrigen Sinne entschädigen würde". Die Folge ist eine Überbetonung des genital Sexuellen und damit einhergehend eine Fixierung, Festschreibung des Blühenden, Ekstatischen auf das Sexuelle. Ja es führt mitunter so weit, daß alles, das etwas mit dem Blühenden, dem Ekstatischen des Lebens zu tun hat, dem Bereich des genital Sexuellen zugesprochen wird.
Wenn ich die ekstatische Erfahrung nicht auf die sexuelle Begegnung reduziere, meine nur dort das an innerem Aufbrechen

und Zusammenfallen zum Einen erfahren zu können, werde ich offener und sensibler für ekstatische Erlebnisse, Gipfelerfahrungen auch außerhalb der sexuellen Begegnung. Das gilt auch für jenen, der zu einseitig glaubt, allein in der mystischen Vereinigung mit Gott in den Zustand der Ekstase, der Erfahrung von innerer Einheit zu verfallen. Nicht daß sie der sexuellen Begegnung oder mystischen Vereinigung genommen werden soll. Sie können wie besondere Akzente ekstatischer Erfahrung erlebt werden. In ihnen kann möglicherweise intensiver als üblich jene Umfassung erfahren werden, die jener erlebt, der sich eingebunden weiß in die Schöpfung, ihren Pulsschlag am eigenen Leib spürt, mit einschwingt in ihren Rhythmus, sich mitreißen läßt von dem Lebensstrudel. Eingeordnet in diese grundlegende Erfahrung von Umfassung kann dann endlich auch die Versöhnung von Sexualität und Spiritualtität, sexueller und spiritueller Umfassung gefeiert werden, die jeweils unterschiedliche Ausdrucksweisen dieser fundamentalen Umfassung sind.

Es ist eine Umfassung, die stärker ist als Beton und Stahl. Sie durchdringt sie. Sie überdauert sie. Sie bietet mehr Schutz und Sicherheit als sie. Sie ist das zu Fleisch gewordene Wort Gottes, wie es sich in der Schöpfung und den Geschöpfen zum Ausdruck gebracht hat, vollendet in der Mensch-Werdung Gottes. Sie ist der Mantel, der mich wirklich wärmt, umhält, umfaßt, mir die Geborgenheit und Sicherheit vermittelt, auch dann, wenn ich mich ungeborgen, ausgesetzt, verwirrt, unsicher erlebe.

Im ekstatischen Erlebnis vermag ich tiefer zu sehen, vermag ich Dinge, die mir vorher mehr als unzusammenhängende Einzelteile erscheinen, zusammenzuschauen. Ich bin, je mehr es mir gelingt, im ekstatischen Zustand zu bleiben, mehr, intensiver, bewußter in Berührung mit der mich umkleidenden Schöpfung.

Noch einmal anders gesehen kann man auch sagen, daß ich dann lebe, wirklich lebe, solange ich in mir die ekstatische Dimension spüre und erfahre. Ja, solange ich nicht nur überlebe und funktioniere, sondern „alive“ bin, wirklich von innen heraus, nach innen und außen lebe, ist mein Leben eine ständige, unterschiedlich stark ausgeprägte Ekstase, die in den verschiedensten Situationen und Erfahrungen besonders stark zum Schwingen kommt bzw. kommen kann. So auch angesichts des Todes in Erwartung des Übergangs, der Überführung in eine Welt, das Reich der Himmel, als Fortführung der bisher erfahrenen geschöpflichen Verbundenheit.
Ekstase als Ausdruck dieser Umfassung läßt die Mauern von Jericho einstürzen, wie sie alle Mauern zum Einsturz bringt, die blühen, aufblühen vereiteln. Die eigenen Mauern eingeschlossen, die wie ein Panzer um uns liegen, schwer auf uns liegen und alles Ekstatische in uns verunmöglichen, es sei denn im fest abgegrenzten Rahmen, abgeschottet vom sonstigen Leben und Sterben.
In der Ekstase bricht sich die alles überwindende und durchdringende Kraft des Glaubens Bahn. Im Zustand des Ekstatischen ist der Glauben am lebendigsten. Es ist der Moment, in dem der Mensch am meisten geöffnet, durchlässig ist, von innen nach außen und von außen nach innen. Es ist der Moment, in dem er am lebendigsten ist, er sich am stärksten spürt, alles in ihm in Wallung und Zittern sich befindet. Es ist der Moment, in dem er am stärksten mit dem Leben in Berührung ist. Und mit dem Leben in Berührung zu sein heißt, dem Eingewobensein in die Schöpfung gewärtig zu sein, es körperlich wahrzunehmen und es sich seelisch, vom Kopf und vom Herzen her zu vergegenwärtigen, d.h. mit dem Grund in mir selbst in Berührung zu sein, ihn zu spüren oder zumindest zu erahnen.
Wo es mir gelingt, Ekstase nicht als ein momentanes Erleben zu sehen und zu erfahren, in das ich hineinfalle, um zur übli-

chen Tagesordnung übergehend wieder herauszufallen, sondern als einen mehr oder weniger immerwährenden Zustand, den ich mal mehr mal weniger stark erlebe, erhält mein Leben Flügel, die mich nicht vom Boden abheben lassen, es mir aber erlauben und möglich machen, in Schwingung, in ständiger Berührung zu bleiben mit dem Atem der Schöpfung. Dann bin ich in Kontakt mit meinem Ursprung, mag mich auch noch so viel Schöpfungs-Loses davon abhalten, ja wie ein Gegen-Sog mich davon wegziehen. Die Beben und Nachbeben meiner Ekstase halten mich dann am Leben, verhindern, daß ich zunehmend selbst Beton und Stahl werde. Sie verhindern, daß der Grund in mir, das Reich der Ekstase, aufhört zu quellen und mich mit Energie zu versorgen. Solange es sie gibt, schlägt mein Herz, rinnen meine Tränen, rollt mein Lachen, entfährt mir mein Seufzen, kann ich innbrünstig beten, jauchzen und schreien. Vor allem aber kann ich end-los glauben, unbegrenzt nach oben und nach unten, und schließlich auch end-los leben und sterben – einverleibt der alles umfassenden Schöpfung und ihres Schöpfers.

> Viele, die versuchen, im Auftrag der Kirche anderen Gipfelerfahrungen näher zu bringen, haben selbst keine Gipfelerfahrung gemacht.
>
> *Abraham Maslow*

8. Von der Fähigkeit zu Gipfelerfahrungen

„Viel Theologie kann", so Abraham Maslow (1978,24), „als der vergebliche Versuch betrachtet werden, die ursprüngliche mystische Erfahrung, wie sie von den Propheten überliefert

worden ist, in kommunizierbare Worte, Formeln, symbolische Rituale und Zeremonien zu übersetzen. Organisierte Religion kann wiederum gesehen werden als das Bemühen, Gipfelerfahrungen Menschen zu übermitteln, die selbst keine Gipfelerfahrungen machen. Dazu kommt, daß viele, die versuchen, im Auftrag der Kirche anderen diese Gipfelerfahrung näher zu bringen, selbst zu jenen zählen, die über keine Gipfelerfahrungen verfügen oder einen schweren Zugang dazu haben."
Deutlicher kann man nach meiner Ansicht kaum beschreiben, was in unseren Kirchen in der gegenwärtigen Situation im argen liegt. Sie sind großteils nicht mehr in der Lage, die lebendige, am wirklichen Leben entstandene und das wirkliche Leben fördernde Botschaft Gottes überzeugend, und so, daß es die Herzen der Menschen ergreift, zu vermitteln. Sie verfügen über einen großen Apparat, über viele „Funktionäre" und zum Teil auch über viel Geld. Es fehlen ihnen die Männer und Frauen, die über kirchliche Begrenzung hinweg radikal offen sind für Gottes Ruf und Worte und als solche die idealen Botschafter und Botschafterinnen sind, die Gott sich erwählt, um seinem Anliegen eine Stimme, seinem Wollen eine Kraft zu verleihen. Oder aber sie übersehen die vielen Botschafter und Botschafterinnen Gottes in ihren eigenen Reihen, indem sie ihnen Zugang zu einem Amt verweigern, ja ihnen mit großem Vorbehalt begegnen, mitunter sie sogar maßregeln und aus ihren Reihen vertreiben. Die Folge davon ist, daß die von ihnen vermittelte Wahrheit, so wahr sie ist, so sehr sie aus der Lebendigkeit prophetischen Innewerdens mit Gott entstiegen, uns vermittelt und von der Kirche bestätigt worden ist, vertrocknet. Eine Wahrheit aber, die nicht nur nieder-geschrieben ist in ehrwürdigen Dokumenten, sondern in diesen Dokumenten auch niedergehalten und festgehalten wird, die nicht in der Lage ist, das geschriebene und gesprochene Wort zu verlassen und in die Herzen und Taten der Menschen zu gelangen, ist wie tot. Man

kann ihr Respekt entgegenbringen, sie verehren und feiern. Sie wird aber nicht den Zugang bei den Menschen finden, der in ihre Mitte führt. Sie wird die Menschen daher nicht zutiefst ansprechen, damit aber auch nicht jene Kraft entwickeln können, die sie verwandeln, die alles neu machen kann.
Karl Rahner hat schon vor vielen Jahren darauf hingewiesen, daß der Priester von morgen Mystagoge sein muß. Dessen Kennzeichen sind aber nicht in erster Linie seine Kirchlichkeit, seine Dogmenfestigkeit, sein theologisches Wissen, seine Managertalente, oder auch nicht seine Kompetenz, personenbezogen kommunizieren zu können. Alles das ist auch wichtig. Doch es ist letztlich, gesehen aus einer grundsätzlichen Sichtweise, zweitrangig. Kennzeichen des Mystagogen ist unter anderem sein Beseeltsein von Gott, einer zu sein, der tief in sich die Sehnsucht nach Gott, das Verlangen zu Ihm heimzukehren, spürt, und sein Leben und Tun von diesem Verlangen und der Erfüllung dieser Sehnsucht bestimmen läßt. Alles Tun, alles, was ihn umgibt, das Kirchliche eingeschlossen, muß vor dieser Sehnsucht Bestand haben. Beeinträchtigt die Kirchlichkeit diese Sehnsucht, hat sie keinen Bestand, wird durch sie das Verlangen, zu Gott heimzukehren, gefördert, ist sie willkommen.

Am Grabe von Karl Rahner, in der Krypta der Innsbrucker Jesuiten-Kirche, eine einfache Holztafel, der Name Karl Rahner SJ eingebrannt, Geburts- und Todesdaten, das ist alles. Darunter ein kleines, eingerahmtes Bild, das den wohl 80jährigen Karl Rahner zeigt. Ich knie auf dem Betstuhl davor, versuche mich hineinzuversenken in mein Gedenken an ihn. Es sind eigentlich nicht die wenigen Begegnungen mit ihm, die dabei auftauchen. Es ist – und das zunehmend – der große Wunsch, der sich in diesem Moment in mir breitmacht, daß das, was Karl Rahner an Offenheit, Weite, und Tiefe in die katholische Kirche gebracht hat, wieder lebendig wird. Ganz tief spüre ich in diesem

Moment meiner Andacht an seinem Grabe diese Sehnsucht, die, je intensiver ich mit ihr in Berührung komme und je länger ich sie aushalte, zum stillen Gebet wird, aus tiefstem Herzen zu Gott, dir, meinem Gott, gesprochen. Große Ruhe überkommt mich. Ist es Gelassenheit, die sich einstellt? Durch ein kleines Fenster, das geöffnet ist, höre ich das Zwitschern von Vögeln. Auch scheint ein alter Mann in der Nähe des Fensters zu sein. Das lassen jedenfalls die hüstelnden Geräusche vermuten, die ich vernehme.

Ich kann nicht sagen, daß ich Karl Rahners Nähe spüre. Und doch fühle ich mich in dem Augenblick meines Versunkenseins mit ihm verbunden. Es geht viel Zuversichtliches vom Gedenken an ihn aus. In diesem Raum, tief unten in der Kirche, in dem ich alleine vor dem Grab von Karl Rahner knie, leben sein Geist, seine Größe, Weite und Tiefe wieder auf. Erfahre ich im Versunkensein an ihn, für Momente diese Offenheit, die ich in der aktuellen Kirche so sehr vermisse. Ich komme in Berührung mit der Kirche, in der ich mich wohl fühle, auch jetzt, heute, in der ich zu großen Teilen jedenfalls, sobald ich sie entdeckt hatte, auch in der Vergangenheit mich geborgen wußte und, so vertraue ich, auch in der Zukunft mich wohl fühlen werde. Es ist die Kirche, die innere Kirche, mit ihrer inneren wahren katholischen Tradition, von der mich die äußere, mag sie sich mir auch noch so unverständlich verhalten und gebärden, nicht trennen kann. Ihr fühle ich mich zutiefst verbunden. Ich weiß, daß ich dafür auch die Kruste akzeptieren muß – zumindest bis zu einem gewissen Grade. Dazu bin ich bereit. Auch weil ich nicht aufgehört habe, daran zu glauben, daß die innere Kirche nicht aufhören wird, sich auszubreiten, auch auf die Kruste einzuwirken und sie zu verwandeln.

Karl Rahner hat mir viel geholfen, diese innere Beziehung zu dem zu bekommen, was für mich das Eigentliche von Kirche ausmacht. Als ich vor einigen Jahren in die Situation kam, mög-

licherweise vor die Entscheidung gestellt zu werden, bei meiner Überzeugung zu bleiben, oder mich dem zu beugen, was andere für richtig erachten, wurde mir klar, daß, was immer ich tue, zuerst grundgelegt sein soll auf der Tiefe meiner Beziehung zu Gott und dann auf der Loyalität zu meiner Kirche. Mir half es in diesen Tagen und Wochen, von Menschen wie Teilhard de Chardin und Karl Rahner zu wissen, die ihre theologischen Überzeugungen nicht veröffentlichen durften und die, so sehr sie – vor allem Teilhard de Chardin – darunter litten, nicht daran zerbrochen sind, vor allem aber aus dieser tieferen Beziehung zur Kirche heraus nicht mit ihr gebrochen haben. Sie waren für mich in dieser Zeit Vorbild. In ihrem Verhalten und in der Art ihres Verhältnisses zur Kirche spürte ich etwas, das mir sehr entsprach und zusagte: Die Bereitschaft, sich hintanzustellen, auf etwas, das einem wichtig ist, für den Augenblick zu verzichten, aus Verbundenheit zu dem, was über die sichtbare und allzu menschliche Kirche hinausgeht; das Vertrauen, daß das, was sie als wahr erkannt haben, sich auf alle Fälle durchsetzen wird, weil in ihm sich die innere katholische Tradition zum Ausdruck bringt, das, was sie dachten und glaubten, davon gespeist war. In ihrer Haltung legten sie ein Zeugnis dafür ab, daß sie an die Dynamik, die revolutionäre Kraft dessen, was zutiefst die katholische Lehre und den katholischen Glauben ausmacht, glaubten.

Als 20jähriger war ich Karl Rahner zum erstenmal begegnet. Zusammen mit einem Schulkameraden führte ich mit ihm ein Interview für unsere Schülerzeitung. Er sprach von seinem Leben und den vielen Veränderungen, die sich beispielsweise seit seinem Eintritt 1922 in den Jesuitenorden innerlich und äußerlich vollzogen haben. Als ich ihn in diesem Zusammenhang fragte: „Sie haben aber bestimmt auch Schwierigkeiten gehabt?“ antwortete er: „Natürlich. Wer hat keine Schwierigkeiten? Bei äußeren Schwierigkeiten werden Leute wie Sie oder andere an solche in Rom denken. Das ist im Grunde nicht tragisch und nicht so wichtig." Offensichtlich hatte er es verstanden, damit zu leben, hatte er einen Weg, einen Zugang gefunden, der es ihm möglich machte, nicht zu verbittern, sich nicht kleinkriegen zu lassen, nicht daran zu zerbrechen.

Ich lese in der „ZEIT" eine Anzeige des dtv-Verlages, der Eugen Drewermanns Buch „Kleriker" als Taschenbuch herausgibt. In ihr wird Eugen Drewermann mit der Aussage zitiert: „Mein Hauptvorwurf an die katholische Kirche: Sie ist überhaupt nicht daran interessiert, daß Menschen sich als Person in Freiheit entwickeln." Ich spüre, wie sich alles in mir empört über eine solche Behauptung. Und zugleich merke ich, wie unterschiedlich wohl unsere Erfahrung mit Kirche, unser Verständnis von Kirche und unser Verhältnis zur Kirche ist. Natürlich sehe ich jene Menschen und Kräfte in der Kirche, die kein Interesse an der Entwicklung des Menschen als selbständige Person haben oder zumindest den Eindruck erwecken, als hätten sie es nicht, und die lieber die Menschen in ein enges System vorgestanzter Begriffe und Überzeugungen einsperren wollen. Doch sie sind um alles in der Welt nicht die *Kirche. Sie haben mitunter viel Einfluß in der Kirche und machen davon Gebrauch, manchmal vielleicht auch mehr als ihnen zusteht. Allein, sie sind nicht* die *Kirche.*

Will ich, daß die Menschen mit der Wahrheit, die Gott selber ist, überhaupt oder stärker in Berührung kommen, dann muß ich ihnen zunächst helfen, daß sie (wieder) dazu befähigt werden, für diese Wahrheit, Gott, seine Stimme, das Erahnen und Spüren seiner Anwesenheit empfänglich zu werden. Ich muß Ihnen helfen, jene Seite in ihnen zu entwickeln und bewußt zu machen, die Gipfelerfahrungen zu erfassen vermögen, sie begreifen, erfahren, erleben zu können. Sind sie dazu in der Lage, haben sie jene Öffnung in sich gefunden, die sie in eine größere

Tiefe führt, die sie erahnen läßt, daß da mehr ist als das, was sie sehen, hören, fühlen und denken, dann haben sie die Öffnung geschaffen, durch die Gottes Wort, die ewige Wahrheit, Zugang zu ihnen findet. Jetzt kommt es zur Verbindung zwischen der Wahrheit und ihnen. Jetzt tritt die Wahrheit in *ihr* Leben ein. Jetzt hat sie etwas mit ihnen zu tun. Jetzt kann sie in ihnen wirken, jetzt kann Gott auch durch sie sprechen, sie zu seinen Botschaftern und Botschafterinnen erwählen.

Menschen, die bereits offen sind für Gipfelerfahrungen, die jenen Boden in sich entdeckt haben, der sie in Berührung bringt mit den Gefühlen, Ahnungen und Erfahrungen, die mit Gipfelerfahrungen einhergehen, dürften auch Zugang finden zu einer Theologie, einer Lehre und einem Glauben, der konserviert worden ist und von Menschen von Amts wegen eher verwaltet, denn wirklich verkündet wird. Sie werden unschwer den prophetischen, mystischen Ursprung in diesem Glaubensgut entdecken und sich davon ansprechen und anstecken lassen. Sie werden dabei geleitet von ihrem eigenen mystischen Grund. Es wird ihnen nicht schwerfallen, die tradierte, nach vielen Seiten abgegrenzte Glaubenslehre einer Kirche zu akzeptieren. Bleiben sie doch daran nicht hängen, halten sie sich doch nicht auf an dem vordergründig, allzu menschlich und vielleicht sogar zunächst abweisend Erscheinenden. Ihre Bereitschaft, die in Symbol, Ritus, Ritual, Zeichen, in Sprache vorgegebene und übersetzte Wahrheit in ihrer tieferen Bedeutung anzunehmen, kommt selbst aus ihrer Tiefe heraus, die letztlich entscheidet, ob das Vorgegebene wirklich von der Art ist, daß es in das Innerste hineinwirkt, es aus einer Tiefe kommt, mystischen und göttlichen Ursprungs oder aber nur etwas Gemachtes und Aufgesetztes ist.

Dagegen werden jene, denen die Fähigkeit zu Gipfelerfahrungen abgeht, es schwer haben, die tiefere Wahrheit, die Kirchen eigentlich vermitteln wollen, zu erkennen, geschweige denn sie zu erfahren und zu erahnen. Sie werden hängenbleiben an den äußeren Formen, die ihnen unverständlich und fremd bleiben, sie mitunter geradezu abstoßen. Wenn sie dann auch noch auf „Vertreter" und „Vertreterinnen" der Kirchen treffen, die – selbst unfähig zu Gipfelerfahrungen –, sich damit begnügen, einfach Wahrheit zu tradieren und das Leben zu verzieren, wird ihnen das alles als ein eher langweiliges Schauspiel vorkommen, das mit ihrem Leben nun wirklich nichts zu tun hat. Manche werden aus Tradition oder Routine dieses Schauspiel über sich ergehen lassen, ohne daß es irgendetwas in ihnen auslöst oder Auswirkung auf ihr Leben hat.

Aber auch dann, wenn sie auf Männer und Frauen treffen, die als von Gottes Wort Getroffene diese Wahrheit ihrer Kirche mit Leben zu füllen vermögen, wird es immer wieder passieren, daß sie nicht in der Lage sind, sich für diese Wahrheit zu öffnen, jene Seiten in sich zuzulassen und ansprechen zu lassen, die dankbar sind für diese Wahrheit, sich zutiefst danach sehnen und sie herzlich willkommen heißen. Doch die Propheten und Prophetinnen in den Kirchen dürften eine größere Chance haben, zu diesem tiefen Bereich, den Herzen der Menschen, vorzudringen, den Bereich, der fähig für Gipfelerfahrungen ist, zu erreichen. Ihre Worte, aus dem Herzen gesprochen, lassen sich nicht so einfach auf die Seite schieben, als belanglos abtun. Auch sprechen sie ins Leben, mitten hinein in das Leben der Menschen, in ihr Herz. Die aus dem Herzen der Propheten kommenden, in die Herzen der Menschen gesprochenen Worte mögen nicht gleich eindringen und aufgenommen werden. Oft werden sie aber zumindest irgendeine Reaktion im Herzen der Menschen auslösen. Das mag oft eine nur vage und unbestimmte Regung sein, die aber immerhin zeigt, daß die Worte die richtige Stelle erreicht haben und, wenn auch noch sehr vorsichtig und zurückhaltend, Anklang gefunden haben. Das kann der Anfang einer zunehmenden Bereitschaft und Fähigkeit sein, sich Erfahrungen und Sichtweisen zu öffnen, die sie mit ihren tieferen Schwingungen in Berührung bringen, sie zumindest mit diesen Regungen mitschwingen läßt, mit dem Ergebnis, daß ihr Leben weniger statisch, mehr dynamisch wird, bereichert um die Schwingungen der Seele und des Herzens, die jetzt endlich auch zum Zug kommen können und so ihren Beitrag im Leben und Sterben, im Denken und Fühlen des Menschen leisten können. Sie eröffnen neue Perspektiven und Sichtweisen, neue Erfahrungsweisen und Erfahrungsmöglichkeiten, die das Leben erweitern und vertiefen. Diese Schwingungen tragen in sich die Qualität und das Potential von Gipfelerfahrungen und ekstatischem Erleben.

> Im Unbewußten finden sich auch die Wurzeln von Kreativität, Freude, Glück und Güte.
>
> *Abraham Maslow*

9. Ekstase und Psychotherapie

Als Therapeut will ich mit dem Grund, dem Boden der ratsuchenden Person in Berührung kommen, in das Reich der Ekstase eindringen, das Reich des innerlichsten Erlebnisses, das, so Martin Buber, zugleich das persönlichste und allgemeinste ist. Bei aller Begrenzung, die gegeben ist, in das Allerheiligste dieses Bereiches vorzudringen, ist der Versuch, es zu tun, dennoch lohnenswert. Immerhin mag ich dabei näher an das Allerpersönlichste des Menschen herankommen, mag sich mir etwas ahnungsweise, andeutungsweise, anspürweise von diesem Bereich enthüllen.

Ich will dazu beitragen, daß das Unbewußte, Verborgene, Unbekannte, noch Unentwickelte in der ratsuchenden Person fruchtbar gemacht wird für ihr Leben. Es ist verborgenen Schätzen vergleichbar, die es zu bergen gilt. Es sind dies u.a. die Kreativität, die Freude, die Güte, das Glück, die Fähigkeit zur Ekstase. Ihnen zum Durchbruch zu verhelfen will ich die ratsuchenden Person anleiten. Ich will helfen, ihre Anwesenheit bewußt zu machen, sie wahrzunehmen, mit ihnen in Berührung zu kommen und schließlich sie ins Leben einschwingen und sich in ihnen zum Ausdruck bringen zu lassen.
Um eine Veränderung zu bewirken, um als Therapeut mit beizutragen, daß eine ratsuchende Person sich verändern kann, will ich in den Bereich vordringen, der Grundlage allen Äußeren ist. Ihn will ich zum Schwingen bringen, zum Leben erwecken helfen. Auch wenn der andere das, was er an sich spürt und erlebt, nicht direkt in Worte übersetzen kann bzw. das, was er davon mitteilt, nur wie ein Stammeln klingen mag. Ist es Ausdruck des in seinem Grund geschehenden Prozesses, ist es mir lieber als eine kluge Einsicht, ist es doch etwas vom Innersten in ihm. Es hat Auswirkungen auf die ganze Person, mag mit Erschütterungen des Überbaues einhergehen, trägt dazu bei, daß mehr und mehr die ganze Person Zufuhr erhält vom eigenen Grund, gespeist und am Leben erhalten wird durch das Eigentliche, das Eigene, das wirklich zu ihr Gehörende. Das aber will ich in der Beratung: Die Dämme mit niederreißen, die bisher verhinderten, daß das Eigentliche, das wirklich Persönliche, Innerste sich im anderen ausbreiten und durch ihn zum Ausdruck bringen kann.
Um das Reich der Ekstase im anderen ansprechen zu können, muß ich mit meinem inneren Erleben in Berührung sein, ja, mein Versuch, im anderen das Wesentlichste anzusprechen, kann nur gelingen, wenn mein Ansprechen des anderen genährt ist aus meinem Bereich der Ekstase. Es ist dann ein Hin

und Her, vergleichbar der Begegnung Elisabeths mit Maria. Elisabeth hört Marias Stimme, da hüpft vor Freude das Kind in ihrem Leib. Darauf Maria: „Meine Seele erhebe den Herrn und mein Geist freut sich Gottes, meines Heilandes." Eine Schwingung löst die andere aus, bis sie immer langsamer werden und wieder Ruhe einkehrt.
Ich bringe den Mitmenschen in Bewegung, indem ich mit meinen inneren Schwingungen in Berührung bin und von dort her angesprochen den anderen anspreche. Sosehr ich mit dazu beitrage, den anderen zum Schwingen zu bringen, ist es meine Aufgabe, dafür Sorge zu tragen, daß ich selbst von den in Gang gesetzten Erfahrungen nicht davongetragen werde. Mir geht es dann so wie dem Meister, von dem erzählt wird, „er habe in Stunden der Entrückung auf die Uhr sehen müssen, um sich in dieser Welt zu erhalten" (Buber 1923, 185).
Wo Ekstase nicht leben darf, wird das Leben leer und fade. Es wird steril. Dieses Leben ist anfällig für körperliche und seelische Krankheiten. Manche Menschen, die z.B. an Depressionen leiden, haben aus der Überzeugung, perfekt sein zu müssen, die Freude und Ekstase, denen alles Zwanghafte und Perfekte ein Greuel ist, aus ihrem Leben hinausgeworfen, da sie sie in ihrem Bemühen nach Perfektion und Vollkommenheit störten. Jetzt sieht alles an und um sie herum perfekt aus. Aber um den Preis des wahren Lebens. Sie erinnern an die russische Legende, nach der einer eine Rose in Stein hauen will, um diese Rose ewig zu machen. Sie mag ewig existieren, aber sie hat nie gelebt, geblüht. Sie ist nie farbenprächtig gewesen, hat nie geduftet.
Perfektionismus mag einen gewissen Grad an Freude erregen. Letztlich erweist er sich aber als der Killer und Unterdrücker von Freude und Ekstase. Verlassen Freude und Ekstase aber das Haus, dann verläßt das Leben, die Lebensenergie, die Seele, das Herz das Haus. Dunkelheit, Leere und Tod machen sich

breit. Es bleibt nur noch das Skelett, mag das Haus auch noch so toll und prächtig eingerichtet sein.
Auf der anderen Seite ist es die Freude und die Ekstase, die einen entscheidenden Beitrag leisten bei der Überwindung von Krankheit, im Kampf gegen den Zerfall des Körpers, bei der Überwindung der Hoffnungslosigkeit und Depression. In einer Untersuchung mit Brustkrebspatientinnen war das Vorhandensein des Faktors „Freude" der zweitstärkste Indikator dafür, daß die betreffenden Frauen überleben würden (vgl. Newsweek 1988,41).
Gerade in den unterschiedlichen Therapieformen, die vorwiegend der Humanistischen Psychologie zuzuordnen sind, tauchen nicht von ungefähr immer wieder Ekstase und Gipfelerfahrung als Themen auf.

Focusing als Weg zu transpersonalen Ganzheitserfahrungen

Im Focusing, der von Eugen Gendlin konzipierten Therapieform, wird der Versuch gewagt, in den sogenannten Basis-Grund des Menschen einzudringen und ihn für das therapeutische Arbeiten fruchtbar zu machen. Der Basis-Grund wird dabei verstanden als „das natürlich Sein, aus dem Energien strömen wie Wolken, die aufsteigen und wieder vergehen. Dieser Grund ist der ‚Bodensatz' unseres Erlebens. In der Meditation bricht der Basis-Grund durch, wenn alle Störungen durch Gedanken und Gefühle herausgestellt sind. Dann kann es einen Blitz von Klarheit und Offenheit geben" (Wild-Missong o.J. 7). Die Tür zu dem „Bodensatz" kann auch über die mystische Erfahrung der Ekstase gefunden werden, in der, so Agnes Wild-Missong, „der Organismus eingebettet im Universum erlebt wird".
Der Weg zu diesem Bodensatz führt über die Schaffung eines

inneren Freiraumes. Die Schaffung dieses Freiraumes ist, so Agnes Wild-Missong, „das Einzige, das ‚machbar' (ist), die religiöse Erfahrung, das Eigentliche, das ‚Es', bleibt Geschenk, Gnade" (4). Dieses „Es", so meint sie weiter, „trägt verschiedene Bezeichnungen: Ganzheitserfahrung, Gipfelerlebnis, Alleinserfahrung, die Erfahrung des Numinosen, das ganz andere, mystische Erfahrung, Verschmelzungserfahrung" (8). Wendet man, so Agnes Wild-Missong (14) weiter, „seine Aufmerksamkeit focusierend nach innen, führt einem der Weg selbst. Dieser Weg nach innen durchquert alle Bewußtseinsebenen und kann unvermittelt den innersten Wesensgrund berühren – wenn Freiraum da ist, Freiraum von jeder Erwartung und Bewertung. So können aus heiterem Himmel quasi transpersonale Ganzheitserfahrungen durchbrechen." Und weiter meint sie: „In dem Moment, wo der Betreffende die Abwehr aufgibt und losläßt, findet die visionäre Schau statt, mit einem Gefühl überwältigenden Glücks. Dem Focusing-Begleiter kommt eine wichtige Funktion zu, nämlich in empathischer Zuwendung den tragenden Boden für das Geschehen zu geben" (12).

Gestalttherapie: Anschluß zum Leben durch Explosion

Eine Therapie ist nach Fritz Perls (1969,56), dem Begründer der Gestalttherapie, am entscheidenden Punkt angelangt, wenn durch die verschiedenen Schichten hindurch, nach der Todesschicht, in der wir uns innerlich zusammenziehen und -pressen, die Explosion stattfindet. „Die Todesschicht ersteht zum Leben und diese Explosion ist der Anschluß an die Verbindung mit der echten Person, die in der Lage ist, Gefühle zu erfahren und zum Ausdruck zu bringen. Dabei unterscheidet man vier Arten von Explosionen aus der Todesschicht. Die Explosion echter Trauer, wenn wir den Verlust oder Tod, mit dem wir uns noch nicht zurechtgefunden haben, durcharbeiten. Die Explosion im Orgasmus bei sexuell blockierten Menschen. Die Explosion von Ärger, und die in Freude, Gelächter, joie de vivre. Diese Explosionen stellen eine Verbindung her mit der authentischen Person, mit dem Wirklichen selbst."

Jetzt darf wieder das Leben fließen. Durch die Explosion angestoßen ist es wieder in Fluß gekommen, um jetzt weiter zu plätschern. Was Fritz Perls hier mit Explosion bezeichnet, hat die Qualität und den Charakter einer Ekstase. In mir darf wieder hüpfen und springen, was vorher lahmgelegt war. Und es darf jetzt weiterhüpfen und -springen. Die Explosionen und Ekstasen gehören wieder, mal mehr, mal weniger stark ausgeprägt, zu meinem täglichen Leben.

Während bei Wilhelm Reich der voll funktionierende Orgasmus und die damit einhergehenden Erfahrungen das Ziel der Therapie ist, er die orgasmische Ekstase als den entscheidenden Moment im Heilungsprozeß erachtet, bezieht Fritz Perls den ganzen Menschen, zumindest mehr von ihm mit ein, ist er sich bewußt, und das mit Recht, daß die Heilung mehr bedarf als eines voll funktionierenden Orgasmus.

Die wieder ins Leben versetzende Explosion und Ekstase ist dem wuchtigen Aufspringen des Wassers aus der gerade angebohrten Lebensquelle vergleichbar. Die aber bringe ich erst dann zum Sprudeln, wenn ich eine Öffnung geschaffen habe, durch die das Herzblut fließen, Leib, Seele und Geist zum Durchbruch kommen können, das, jedenfalls, was mit dem ganzen Menschen zu tun hat. Es gibt die Erfahrung des Orgasmus, bei der Leib, Psyche und Seele mit beteiligt sind, alles in mir geöffnet ist und einstimmt in den Hochgesang und das Aufjubeln in mir. Wenn gleich darauf die Seele, die Psyche, der Leib sich nicht wieder verschließen, wenn in dieser Erfahrung ein wirklicher Druchbruch geschaffen worden ist, so daß alles in mir, das in der orgasmischen Erfahrung zum Ausdruck kam, weiterlebt und -fließt, dann mag auch der Erfahrung des Orgasmus eine wichtige Bedeutung beim Durchbruch der mich behinderden Blockaden zu kommen. Wenn danach aber alles wieder versiegt, die Lebensenergie sich nicht auf mein ganzes Leben ausgießt, dann war es nur ein Knalleffekt, jedenfalls kein wirklicher Durchbruch. Damit die Erfahrung im Erleben des Orgasmus zu dieser ganzheitlichen Erfahrung wird, bedarf es aber der Durchbrüche im seelischen und psychischen Bereich. D.h., diese Durchbrüche müssen bereits erzielt worden sein oder zumindest so weit gediehen, daß in der Erfahrung des Orgasmus das letzte Stück, das im Wege steht, mitgerissen und mit den Fluten der Leidenschaft mitgetrieben wird.

Psychosynthese: Liebesvereinigung mit Gott als spirituelle Ekstase

Das gilt, so Roberto Assagioli (1980,207), der Begründer der Psychosynthese, von einer anderen Seite her gesehen auch für die mystische Erfahrung, der „Liebesvereinigung mit Gott, einem Zustand spiritueller Ekstase, begleitet von Seligkeit, Selbst-Vergessenheit und einem Verschwinden unserer äußeren Wirklichkeit und Umwelt". Diese Erfahrung kann erst dann ein Durchbruch hin zum ganzheitlichen Leben, zum Einschwingen in den Rhythmus und Atem des Lebens werden, wenn sie über den Moment der heiligen Ergriffenheit hinauswirkt. Ja, die mystische Erfahrung der Einswerdung mit Gott wird erst dann wirklich zu einer Leib und Seele ansprechenden Erfahrung, wenn Leib, Psyche und Seele Leben atmen, zugelassen werden und ganz geöffnet sind. So wird die mystische Erfahrung an sich zunächst nicht zum Durchbruch führen, eine Explosion als Beginn neuen Lebens darstellen, sondern eine Erlebnisweise des (wiedergewonnenen) neuen Lebens. Das schließt nicht aus, daß in dieser Erfahrung letzte Vorbehalte, die das totale Fließen gerade des spirituellen Verlangens behindern, weggesprengt und bedeutungslos werden, das Tor hin zum absoluten Du weit aufgerissen wird und die Fluten, die es hin zu Gott treibt, ungehindert dahin strömen können, wohin es sie verlangt.

Transaktionsanalyse: Das Ekstatische im natürlichen Kind

Freude und Ekstase werden nach der Transaktionsanalyse vor allem in dem natürlichen Kind erlebt. Es ist jener Teil in uns, der uns von dem unverdorbenen, nicht zurechtgestutzten Kind – hoffentlich – erhalten geblieben ist. Es ist die spontane, unmittelbare, schöpferische Seite in uns, das quirlige, hüpfende, lachen und weinen könnende Kind in uns. Es kann auch das Ängstliche, Selbstbezogene, Rebellische, Aggressive in uns sein. Ziel der Therapie ist es, diesem natürlichen Kind den ihm gemäßen Platz im Leben eines Menschen zu sichern. Zu oft wird dieses natürliche Kind zu sehr den Vorstellungen der Erwachsenen entsprechend angepaßt, oder das vernünftige Erwachsenen-Ich macht sich so breit, daß das natürliche Kind dabei untergeht.
Wenn das natürliche Kind hinauskatapultiert wird, nicht zum Zug kommt, wird dem Leben das Frohe, Ekstatische, Hüpfende, Hoffnungsvolle genommen. Dann regiert das „Du mußt" und „Du sollst". Die Sache, das Vernünftige regiert. Die Elternseite in uns mag Freude erfahren, wenn wir uns um einen anderen kümmern oder ihn kritisieren, je nachdem welches Eltern-Ich – das sogenannte kritische oder das sorgende – in uns nach Befriedigung verlangt. Das Erwachsenen-Ich mag „Freude" empfinden, wenn es mit den richtigen Daten und Informa-

tionen aufwarten kann und im Organisieren erfolgreich ist. „Aber keine von beiden besitzt die Fähigkeit des Kindes zur Ekstase. Oder kann man sich vorstellen, daß zwei Computer miteinander Liebe machen? Oder daß zwei kritische Eltern miteinander Sex haben? (‚Hab ja nicht zu viel Spaß. Das geziemt sich nicht für eine Frau'). Das natürliche Kind ist unser erster Empfänger von Freude. ‚Wenn ihr nicht werdet wie die Kinder', dann werdet Ihr nicht einmal verstehen, daß es ein Reich der Himmel gibt, geschweige denn es finden" (Greer 1975,35).

Sigmund Freud: Von der Hochflut der Leidenschaften

Auch bei Sigmund Freud (Bd II, 1978) finden sich Bemerkungen, die man als Hinweise für die Bedeutung ekstatischer Erfahrungen im analytischen Prozeß deuten könnte. So sagt Sigmund Freud, daß jede psychoanalytische Behandlung ein Versuch ist, verdrängte Liebe zu befreien, die in einem Symptom einen kümmerlichen Kompromißausweg gefunden hat. Diese Symptome sind für ihn aber „nichts anderes als Niederschläge früherer Verdrängungs- oder Wiederkehrkämpfe", die „nur von einer neuen Hochflut der nämlichen Leidenschaften gelöst und weggeschwemmt werden".

D.h., auch dann, wenn man nicht wie Freud der Meinung sein muß, daß jene verhinderten Energien dem Sexualtrieb zuzuordnen sind, sondern der Lebensenergie an sich, von der die Sexualität einen wichtigen Teil ausmacht, ist es Ziel der Analyse, jene Blockaden zu beseitigen, die das Hochfluten der Leidenschaften verunmöglichen. Es geht darum, die wie lahmgelegt, tot und erstarrt erscheinenden Teile wieder so zu überschwemmen, ihnen Lebensenergie zuzuführen, daß sie wieder blühen und aufblühen können. Deutet man dieses Hochfluten der Leidenschaften als Ekstase, dann würde das im Verständnis von Sigmund Freud sicher vorwiegend, wenn nicht ausschließend als sexuelle Ekstase verstanden werden. Damit wäre aber nur eine, wenn auch wichtige Seite des Ekstatischen angesprochen. Es ist das Verdienst der Humanistischen Psychologie, dieses Verständnis von Sigmund Freud erweitert zu haben, gleichsam den ersten Stock, vielleicht auch den Grundstock, den Sigmund Freud gebaut hat, um einen zweiten Stock ergänzt zu haben, von dem aus, wie es Roberto Assagioli einmal sagte, es möglich ist, die Sterne zu sehen.

II. SICH UNSTERBLICH VERLIEBEN

> In einer dunklen Nacht, entflammt von Liebessehnen, o seliges Geschick! entfloh ich unbemerkt, da nun mein Haus in Ruhe lag.
>
> *Johannes vom Kreuz*

1. Sich verlieben – sich unsterblich verlieben

Sich verlieben – es ist das Thema unzähliger Schlager, der ernsteren und der weniger ernsteren Literatur. Auch Psychologie und Psychotherapie befassen sich damit. Was sie dazu zu sagen wissen, ist mal mehr, mal weniger hilfreich, die Erfahrung des Sich-Verliebens und seine Bedeutung bei der Entwicklung der Persönlichkeit zu beschreiben und entsprechend zu würdigen. Für den einen ist dabei das Sich-Verlieben nicht mehr als ein Strohfeuer. Ein kurzes Aufleuchten und Aufwallen, von dem am Ende nichts mehr übrigbleibt. „As we fall in love, we fall out of love." Und das war es dann. Für einen anderen ist das Sich-Verlieben ein neurotisches Verhalten, da in diesem Zustand die Realität verzerrt wird und Verhalten und Erlebnisweisen an den Tag treten, die zumindest dem Anschein nach dem Bereich der Pathologie zuzuordnen sind.

Wieder andere haben ein breiteres Verständnis über das Sich-Verlieben. Für sie ist in jeder bedeutungsvollen Beziehung eine Spur von Verliebt-Sein auszumachen. Aus therapeutischen Begegnungen gibt es die Erfahrung, daß das Sich-Verlieben beispielsweise der Klientin in den Therapeuten eine entsprechende Empfindung bei dem Therapeuten für die Klientin entfacht. Es ist, wie wenn das Zupfen einer bestimmten Saite der Violine die entsprechende Saite einer anderen ebenfalls im Raum anwesenden Violine zum Vibrieren bringt. Hier wird das Sich-Verlieben zum Brückenschlag von einem zum anderen, ein Sich-Öffnen für den anderen oder auch eine Weise des Geöffnetwerdens durch den anderen.

Das alltägliche, immer wieder neu mögliche Sich-Verlieben, das eine Spannung von recht mild bis sehr heftig umgreifen kann, läßt sich unterscheiden von dem, was man am besten als *Sich-unsterblich-Verlieben* bezeichnen kann. Sich unsterblich in jemanden verlieben – es gibt viele Formen, in denen das geschieht. Es ist eine Erfahrung, die sich dem Willen zu entziehen scheint. Es ist ein Sich-Ausliefern an eine Erfahrung, die einen überwältigt. Wer davon betroffen ist, ist der Liebeskranke. Darf er sich nicht in unmittelbarer Nähe der Geliebten aufhalten, wird er trübsinnig und depressiv. Ist er in der Nähe der geliebten Partnerin, platzt er vor Glück aus allen Nähten. Er ist in einem seligen, gehobenen, schwebenden Zustand. Seine innere Verfassung und sein inneres Verlangen nach der geliebten Partnerin mag in folgenden Worten wiedergegeben werden, die ein offensichtlich unsterblich Verliebter in einer Zeitungsanzeige zum Ausdruck brachte:

Du Süßmaus, Du! Du süße, süße Maus!
Du Mädchen, Du Traumfrau, Du Königin!
Du Engel, Du Himmel, Du Göttin!
Ich bete Dich an und gehöre Dir und liebe Dich,
Du blonder Wahn!

Da ist der Mensch, von dem ich weiß, wir gehören zusammen, wir sind füreinander bestimmt. „Ich habe kein Gebet mehr als an sie", sagt Werther in Goethes „Die Leiden des jungen Werther". Und er fährt fort:

„Meiner Einbildungskraft erscheint keine andere Gestalt als die ihrige, und alles in der Welt um mich her sehe ich nur im Ver-

hältnis zu ihr. Und das macht mir dann so manche glückliche Stunde – bis ich mich wieder von ihr losreißen muß! Ach Wilhelm! Wozu mich mein Herz auch drängt! – Wenn ich bei ihr gesessen bin, zwei – drei Stunden und mich an ihrer Gestalt, an ihrem Betragen, an dem himmlischen Ausdruck ihrer Worte geweidet habe – und nun nach und nach alle meine Sinnen aufgespannt werden, mir es düster vor den Augen wird, ich kaum noch höre, es mich an die Gurgel faßt wie ein Meuchelmörder, dann mein Herz in wilden Schlägen den bedrängten Sinnen Luft zu machen sucht und ihre Verwirrung nur vermehrt – Wilhelm, ich weiß oft nicht, ob ich auf der Welt bin!"

So ward in dem Leben eines einfachen Menschen plötzlich ein Traum wach, gleich einer edlen und sorgfältig gezüchteten Gartenblüte, die an einer Straße blüht, wo sonst der Wanderstaub alle Keime zertritt. Es war der Taumel eines schlichten Menschen, ein zauberischer und narkotischer Traum inmitten eines kalten gleichtönigen Lebens.

Stefan Zweig

2. Die Verzauberung

Du bist die gute Fee. Du bist die reine, makellose, vollkommene Frau. Was Du berührst, verwandelt sich in Gold. Deine Berührungen lassen mich erbeben, bewirken in mir einen heiligen Schauer, heilen mich, machen mich zu einem kostbaren Schatz. Deine Wohnung ist wie eine Ausweitung Deines Schoßes. Hier, nur hier finde ich die Wärme, die Geborgenheit, das Zuhause, nach dem ich mich sehne. Dein Auto ist wie eine aus Elfenbein geschlagene Kutsche, die von sechs weißen Rössern gezogen wird. Wo Du auftrittst, wird alles verwandelt. Du umhüllst es mit Deiner Aura und besetzt es mit Deinem Duft.

Wenn ich in jemand unsterblich verliebt bin, sprenge ich die Wirklichkeit und erhebe die andere in die Sphäre des Göttlichen. Der geliebte Partner „wird zum göttlichen Ideal, mit dem man glaubt, sein Leben erfüllen zu können. Alle spirituellen und moralischen Bedürfnisse konzentrieren sich nur noch auf eine Person. Rettung bezieht sich nicht länger auf etwas Abstraktes wie Gott, sondern wird gesucht in der Seligpreisung der anderen“ (Ernest Becker zit. in: Tyrell 1980,84).
Die Sehnsucht, das Verlangen nach der unsterblich Geliebten, was in ihm dabei vorgeht, das innere Treiben sich hinzugeben, vergleicht Goethe mit dem in uns wohnenden Verlangen und Streben nach dem Höheren. Im Blick auf die Geliebte und in der Begegnung mit ihr durchwogen ihn die gleichen Gefühle und das gleiche Verlangen, das den Menschen nach dem Unbekannten sehnen läßt. Mitunter tritt die Geliebte an dessen Stelle, wird sie zum Heiligen, Erhöhten, Höheren, Reineren. Es ist die Erfahrung des Unsterblich-sich-Verliebens, die hier zum Ausdruck kommt, eine Erfahrung, die selbst den über 70jährigen Goethe noch befallen konnte. So ist auch seine Elegie von Marienbad in Worte gefaßter Ausdruck unsterblichen Sich-Verliebens. In ihr kommt „eine schier vernichtende Verlust-Erfahrung (‚mir ist das All, ich bin mir selbst verloren‘) ekstatisch zur Sprache“ (Henkel 1991,10 f).
Der Zustand des Unsterblich-sich-Verliebens ist etwas Abgehobenes. Er vermag sich nur in der von der Wirklichkeit abgeschotteten Sphäre und Welt der Illusion am Leben zu erhalten. Er ist ein Zustand des Schwebens. Und die es betrifft, schweben im siebten Himmel, der keine Fehler, Ungereimtheiten,

Defizite kennt, aus dem mit Ausnahme des Liebesschmerzes alles Leid verbannt worden ist, in dem man nur Manna und Honig ißt, wo Brutalität außen vor bleibt, und in dem es natürlich auch nicht stinkt.

Die Steigerung der Verzauberung zur Verzückung, Verklärung und Entrückung in einer Liebesbeziehung gehört, so Dieter Wyss (1975,27 f.), zu den Höhepunkten des Liebeslebens. Der Verzückung entspricht die Glücksekstase. Der andere, seine Person selbst ist in diesem Zustand an die Stelle der eigenen getreten. Im gemeinsam erlebten oder im nacheinander vollzogenen Orgasmus wird „jene Unterbrechung der Kontinuität des Bewußtseins und damit die ersehnte Aufhebung des eigenen Ich vollzogen, die mit Worten wie ‚Glücksekstase', ‚ekstatischer Rausch', Ekstase im Sinne des Außer-sich-Seins umschrieben werden. Für die orgasmische Verzückung ist charakteristisch, daß der oder die Verzückte danach im allgemeinen nicht mehr anzugeben vermag, was im Augenblick der Verzükkung eigentlich empfunden worden ist, außer, daß es ein außerordentliches Glücksgefühl jenseits räumlich-zeitlicher Gliederung gewesen ist" (31).

Ernest Hemingway fängt etwas von diesem Gefühl auf in einer Szene aus seinem Roman „Wem die Stunde schlägt":

„Maria, ich liebe dich, und du bist so reizend und so wunderbar und so schön, und es tut mir so wohl, bei dir zu sein, daß mir zumute ist, als möchte ich sterben, wenn ich dich liebe. ‚Oh', sagte sie. ‚Ich sterbe jedesmal. Du nicht?' ‚Nein. Aber fast. Aber hast du gemerkt, wie die Erde gezittert hat?' ‚Ja. Als ich starb. Bitte, leg deinen Arm um mich.' ‚Nein. Ich halte deine Hand. Deine Hand genügt mir.' Er sah sie an und blickte über die Wiese hin, ein jagender Habicht flog vorbei, und die großen Abendwolken stiegen nun über die Berge empor. ‚Und bei anderen ist es nicht so?' fragte Maria. Sie gingen jetzt Hand in Hand. ‚Nein. Wirk-

lich nicht.' ,Du hast viel andere geliebt.' ,Aber keine wie dich.' ,Und es war nicht so? Wirklich nicht?' ,Es war angenehm, aber es war nicht so.' ,Und dann hat die Erde gezittert. Hat sonst nie die Erde gezittert?' ,Nein. Wirklich nicht'."

> Und Träume solcher Menschen sind wie die ruderlosen Boote, die ziellos in schaukelnder Wollust auf stillen, spiegelnden Wassern treiben, bis plötzlich ihr Kiel mit jähem Ruck an ein unbekanntes Ufer stößt.
>
> *Stefan Zweig*

3. Das Drama des Usterblich-sich-Verliebens

Ursehnsucht und Vereinigung

Im Zustand des Unsterblich-sich-Verliebens werden Erwartungen geweckt, die die Möglichkeit und den Wunsch einschließen, mit dem anderen sich eins zu fühlen, jede Einzelexistenz und Trennung zu überwinden, sich in „absoluter Nähe" mit dem Partner oder der Partnerin zu verbinden, gegen jede weitere Trennung für immer gefeit zu sein. Das „Seid umschlungen Millionen" des enthusiastischen Dichters spricht, so Dieter Wyss (1975,22), aus, was der Liebe und der Sehnsucht nach der totalen Einswerdung zugrundeliegt, was Liebe überhaupt zu Liebe macht: Aufhebung der Einzelexistenz im „umschlungenen" anderen.
Im Unsterblich-sich-Verlieben bricht sich die Ursehnsucht nach Vereinigung Bahn. Erst wenn ich mit diesem Menschen für immer zusammen bin, bin ich ganz. Erst wenn ich mit die-

sem Menschen mein Leben teile, wir uns zusammentun, erfüllt sich die tiefe Sehnsucht in mir, die erst dann gestillt ist und Ruhe findet, wenn diese Person – und nur diese Person – ein Teil von mir ist. Sie ist es, auf die ich so lange wartete, sie, nur sie, ist der Teil von mir, den ich so lange so sehr vermißte. Die Zeit der Erlösung aus dem Zustand der Halbheit, der Einsamkeit, der Unvollkommenheit, ist angebrochen. Jetzt werde ich ganz, voll. Der Moment der Erfüllung ist nahe, ja gekommen.

Das Unsterblich-sich-Verlieben wird auf vielfältige Weise erfahren. In den wonnigen Gedanken an den abwesenden Partner, im seligen Gefühl beim Lesen oder Schreiben des Liebesbriefes, in der stürmischen Begrüßung nach schier endloser Zeit der Trennung – es waren gerade zwei Tage. Das zarte, von unendlichem Wohlwollen zueinander genährte Sich-Anschauen berührt einen zutiefst, das zarte Streichen über die Haare ist kaum auszuhalten, so wild tanzen die Nerven ob dieser Wohltat. Das Streicheln über die Wangen, über das die innigste Zuneigung des geliebten Partners zum anderen hinüberfließt, verbreitet Seligkeit. Im selbstvergessenen Kuß, schon ganz im anderen versunken, bahnt sich die Verzauberung an.

Die Feier der Einswerdung

Dann hält die beiden nichts mehr zurück, sich dem Taumel der sexuellen Vereinigung zu ergeben. Aus zwei soll eins werden. Im Eindringen und Sich-Öffnen kommt das auf der menschlichen Erfahrungsebene unüberbietbar am spürbarsten zum Ausdruck. Jetzt ist die Stunde gekommen, in der die Einswerdung vollzogen wird. Der feierlichste Moment ist die Erfahrung des Einsseins, körperlich spürbar so eng, ja auf die engste Weise wie es Menschen überhaupt möglich ist, miteinander

verbunden zu sein. Was folgt, ist das Fest der Einswerdung. Es ist die Feier des Unfaßbaren im Fassungs-losen. Allein im fassungs-losen Taumel kann dieses Ereignis entsprechend gefeiert werden. Die beiden geraten außer sich. Endlich sind wir eins. Mag für den Augenblick der körperlichen Verbundenheit im gegenseitigen Eintauchen ein ergriffenes Schweigen und tiefes Berührtsein angemessen sein, jetzt läßt sich die Leidenschaft, das Stürmische, das Wilde und Ekstatische nicht mehr zurückhalten. In den Jubel über die Einswerdung bricht das Verlangen, sich noch mehr, noch inniger, noch tiefer verbunden zu fühlen. Und da, im Moment schierer Bewußtlosigkeit, wenn sie wie weggetreten, im innigsten Verbundensein zugleich aus sich herausgetreten sind, erreichen und überschreiten sie zugleich den Höhepunkt der Feier ihrer Einswerdung. In der Explosion und dem Aufschrei der orgasmischen Erfahrung werden sie für kurze Augenblicke so weit, ja öffnen sie sich selbst so sehr, daß ihnen ist, als öffne sich ihren Augen der Himmel, als sei das Erträumte, Ersehnte und so innigst Verlangte, die vollkommene und totale Einswerdung mit dem geliebten Partner, endlich Wirklichkeit geworden.
Doch bereits im explosiven Ausbrechen beginnt das Fallen auf den Boden der Wirklichkeit. Das Lustgeschrei wird in seinen letzten Lauten bereits zum Aufschrei des zu Boden Gefallenen.

Ein letztes Aufbegehren und das Ende

Das aber vermag der unsterblich Verliebte nicht auszuhalten. Er will wieder zurück in den Zustand der Seligkeit, des Gefühls der ewigen Verbundenheit, des Einsseins, der Erlebnisweise, die ihm vermittelt – vormacht, so muß man sagen –, der immerwährenden Erfüllung teilhaft geworden zu sein, der Ein-

samkeit, dem Leid, dem Gefühl der Unzulänglichkeit und Halbheit für immer entronnen zu sein.
Um ihre Illusion von der Vollkommenheit aufrecht erhalten zu können, stacheln sich die unsterblich Verliebten an, beieinander zu bleiben, das Gehäuse der selbstgebastelten Wirklichkeit nicht zu verlassen. Die Melodie, in die sie sich hineingesungen und hineingesteigert haben und die sie für das wahre Leben erachten, erachten möchten, – spüren sie doch tief drinnen, daß das nicht so ist –, soll nicht zu Ende geführt werden, nicht aufhören.
Doch das auf Sand gebaute Gehäuse bricht zusammen, die Melodie verstummt jäh, die Illusion zerplatzt wie ein Luftballon, die harten Kanten der Wirklichkeit sind unausweichlich wieder zu spüren.

Die Stunde der Wahrheit

Auf dem Boden der Wirklichkeit angekommen, werden sich die unsterblich Verliebten bewußt, wie respektlos sie miteinander umgingen, solange sie die Unzulänglichkeit, Fehler, Begrenzungen und Schwächen des jeweils anderen nicht sahen und ernst nahmen. Das ist die Schattenseite des Unsterblich-sich-Verliebens: das Ausschalten des Unvollkommenen, Sterblichen und Unzulänglichen, damit aber auch des Menschlichen. Der geliebte Partner ist aber nur Mensch mit und in all diesen Unvollkommenheiten. Das nicht zu sehen, das zu übergehen, heißt *ihn* zu übergehen, ihn nicht wirklich als den zu würdigen, der er ist.
Mancher mag es vorziehen, das Unsterblich-sich-Verlieben zu unterdrücken, es nicht zuzulassen, ihm so gut es geht aus dem Weg zu gehen. Wer das allerdings tut, „verhindert die natürliche Entfaltung der menschlichen Natur“ (Tyrell, 1980,90). Ich

kann und soll dem Unsterblich-sich-Verlieben nicht entgehen, will ich mich nicht gegen meine Natur auflehnen, die Prozesse blockieren, die für meine Entwicklung unerläßlich sind.
Dazu gehört vor allem neben all den Erfahrungen, die im Zusammenhang mit dem Unsterblich-sich-Verlieben einhergehen, die Erfahrung, die ich danach mache: alleine zu sein. Das Alleinsein kenne ich zwar bereits aus der Zeit vor dem Sich-Verlieben. Doch da glaube ich noch, es überwinden zu können. Ich nehme es noch nicht ernst genug. Ich erkenne es nicht an als eine Wirklichkeit von mir. Jetzt aber mache ich die Erfahrung, daß ich dieses Alleinsein nicht zu überwinden vermag, es mich lebenslänglich begleiten wird. Ich vermag es nicht auszurotten, mit der Folge, daß ich einen anderen Weg einschlagen muß, damit zurechtzukommen.

Wenn wir den Mut haben, ehrlich zu sein, müssen wir gestehen, daß wir alleine sind ... Wir nehmen dann zur Kenntnis, daß es ein menschliches Alleinsein ist. D.h., daß wir alle im gleichen Boot sitzen und wir uns entscheiden, andere in unser Leben zu lassen oder auch nicht. Dann benutzen wir das Alleinsein, um weniger alleine zu sein.

nach Rollo May

4. Die Erdung

Dieser Weg lehrt mich, mein Alleinsein auszuhalten. Auf mich zurückgefallen, blutend aus den Wunden, die ich mir beim Aufprall vom siebten Himmel auf den Boden der Wirklichkeit zugefügt habe, will ich zunächst davonlaufen, sehnt sich alles in mir zurück nach der Zeit der Seligkeit, jammere und tobe ich, schlage ich wild um mich vor Schmerz. Doch, wohin sollte ich laufen? Ich würde am Ende wieder in die gleiche Situation kommen. Es bleibt mir also nichts anderes übrig, als hier auszuhalten, den Schmerz zuzulassen und mich von ihm durchbrechen zu lassen.

Jetzt kann das geschehen, was *mich* weiterbringt. Im Schmerz komme ich mit mir in Berührung. Im Durchbrechen der Schale, die mich vorher als unvollendet, eingeschränkt, wie abgeschnitten erleben ließ, kommt neues Leben in mich. Ich stoße plötzlich an Seiten von mir an, die mir vorher unbekannt waren, die unberührt wie leblos in mir schlummerten. In mir braut sich ein Gefühl zusammen, das von Lebendigkeit, Fruchtbarkeit und Seligkeit durchsetzt ist. Ich mache die Bekanntschaft mit meiner Lebenskraft. Ich spüre neue Lebensfreude. Und ich vermag die schmerzvollen Berührungen meiner Trauer mit meinem Innersten auszuhalten. Auch sie erwekken mich zu neuem Leben. Dieser neuen Selbst-Erfahrung haftet die Schwere der Erde an. Ihr geht das alles hinter sich lassende Hochfliegen der Gefühle, wie es dem Unsterblich-sich-Verliebten eignet, ab. Mein Inneres wird aufgebrochen, die vorher zurückgehaltenen Säfte können sich jetzt ergießen. Wo vorher Sand und lockeres Erdreich war, bildet sich nährender Humusboden. Dieser Boden macht satt. Er macht so satt, daß das Verlangen nach dem Zustand des Unsterblich-sich-Verliebens versiegt, dieser Zustand zunehmend als unwirklich und nicht erstrebenswert erachtet wird. Jetzt muß ich nicht mehr abheben. Jetzt genügt es, mich umzuschauen, der anderen in die Augen zu schauen, verbunden mit meinem Boden, mit ihr Kontakt aufzunehmen.

Im Zustand des Unsterblich-sich-Verliebens umgehe ich die echte Begegnung mit der anderen Person. Jetzt beschreite ich den Pfad, der mich unter Mühen und Schmerzen, Fehler ertragend und in ständiger Auseinandersetzung mit Unvollkommenem, wirklich zur anderen führt, uns wirklich verbindet, jene tiefe Verbindung schafft, die *ist.*

Thomas hat sich unsterblich in Margarete verliebt. Für Margarete kommt das überraschend. Sie spürt eine große Zuneigung zu Thomas, auf die Heftigkeit der Gefühle von Thomas vermag sie sich aber nicht einzustellen. Sie läßt sich dennoch auf eine – auch sexuelle – Beziehung mit ihm ein. Doch nach einigen Monaten vermag sie es nicht mehr auszuhalten. Sie teilt Thomas mit, daß für sie die Beziehung zu Ende, er für eine andere Beziehung frei ist.

Thomas will zunächst nicht wahrhaben, was passiert ist. Er fühlt sich überrumpelt, kaltgestellt. Neben seinem Schmerz über den Verlust fühlt er sich verletzt und gedemütigt. Zugleich regen sich aber Gefühle, die er zunächst nicht richtig zulassen will, da sie ihm unangebracht erscheinen. Es sind Gefühle der Erleichterung. Je mehr er auf sie eingeht, wird ihm jäh bewußt, unter welch großer Spannung er in den vergangenen Monaten gestanden hat. Jetzt, wo alles aus ist, schaut er zum ersten Mal auf sich und seine Gefühle. Er spürt die Verletzungen, die ihm in dieser Beziehung zugefügt wurden bzw. die er sich selbst zufügte, und er kommt auch mehr in Berührung mit dem, was er seiner Partnerin an Wunden zufügte. Er läßt alles zu, was er im Moment in sich spürt. Er weint über den Verlust der Frau, die er über alles liebte, läßt seine Traurigkeit und seine Depressionen zu, wenn sie da sind, ist aber genauso willig und bereit, die Gefühle von Erleichterung anzunehmen, die immer wieder auftauchen.

Und da passiert etwas Eigenartiges, das er an sich bisher noch nicht erlebte. In all seinem Schmerz und in seiner Traurigkeit spürt er eine Stärke und Zuversicht, die er an sich so noch nie erfahren hatte. Als vor einigen Wochen Margarete Distanz wünschte, hatte er gedacht, das nicht aushalten zu können. Er war total verzweifelt und dachte: Jetzt ist alles aus. Das ist das Ende. Er fühlte sich im Stich gelassen, abgeschnitten von dem, was ihm Leben und Welt bedeutete. Auch jetzt gibt es Momente, in denen er merkt, wie die Verzweiflung sich an ihn heranmacht und ihn zu übermannen droht. Doch da ist etwas in ihm gewachsen, das stärker ist und das durch die gerade erlebte Frustration, verzichten zu müssen auf jemanden, auf den die intimsten Bedürfnisse ausgerichtet sind, erst richtig zum Durchbruch gekommen ist. In den Momenten und Phasen der Verzweiflung, in denen er sich traurig, verlassen und einsam fühlte, war er letztlich nie richtig in Berührung mit sich selbst gewesen, ja weigerte er sich geradezu, sich und seine Situation anzunehmen. Verbissen hielt er an Margarete fest, vermochte nicht, sie loszulassen, weil er sich ein Leben und Glück ohne sie nicht mehr vorstellen konnte. Jetzt war sie weg. Entscheidend aber war, daß er sie jetzt auch innerlich loslassen konnte mit dem Ergebnis, daß er, der vorher glaubte, nur mit ihr leben zu können, zunehmend spürte, wie eigenes Leben in ihm sich breitmachte.

Die Erfahrung von Hoffnungslosigkeit, Verzweiflung, Einsamkeit, Alleinsein, der Verlust dessen, was ihm bisher alles bedeutete, warf ihn auf sich selbst zurück. Jetzt stand er ganz alleine und einsam da, und – er wollte es zunächst nicht glauben – wo er dachte, da ist ein Nichts, wo er auch für Momente und über Phasen hinweg das Gefühl hatte, da ist nichts, da spürte er sich selbst. In dem Moment, in dem er glaubte, alles verloren zu haben, was ihm am liebsten war, in dem er glaubte, sein Leben zu verlieren, gewann er es wieder zurück. Thomas wuchs in der Phase dieser Erkenntnis und Erfahrung förmlich um einen halben Meter. „Ich bin der, der ich *bin", durchfuhr es ihn. Ich bin der und will der sein, der ich im Moment bin, und das ist gut so.*

Ich bin in der Lage, mein Leben in die Hand zu nehmen. Ich kann es gestalten, ich kann Initiativen ergreifen. Ich habe viele Möglichkeiten.
Thomas erlaubte sich, was er früher ablehnte, ja geradezu für verwerflich hielt: er gelangte in Berührung mit seinem Ärger, ließ ihn zu und verschaffte ihm auch Ausdruck. Er hatte keine Angst mehr davor, dafür bestraft, geschnitten, verlassen zu werden. Seitdem ihm aufgegangen war, ich bin, der ich *bin, ich bin allein; ich bin unabhängig, ich kann entscheiden, mit wem ich in Kontakt treten will und wem nicht, fühlte er sich nicht mehr wie so oft zuvor als Spielball in den Händen anderer, sondern er spürte sich seine Möglichkeiten. Eine dieser Möglichkeiten bestand auch darin, seine Einsamkeit, sein Alleinsein, das er mit allen anderen Menschen teilt, zum Teil zu überwinden. Die Erkenntnis und Erfahrung, allein zu sein, machte ihn frei dafür, sein Alleinsein teilweise zu überwinden, indem er seine Möglichkeiten entdeckte, Menschen an seinem Leben teilhaben zu lassen und an deren Leben teilzuhaben. Thomas spürte, wie zunehmend Freude in ihm aufkam.*

Wer die Sexualität zu Ende denkt, wird auf seine Ursehnsucht nach Lebendigkeit stoßen.

Anselm Grün

5. Mit meinen Ursehnsüchten in Berührung kommen

In dem leidenschaftlichen Drängen, wie es sich in dem Prozeß des Unsterblich-sich-Verliebens äußert, kommen ganz verschiedene menschliche Bedürfnisse und Sehnsüchte zum Ausdruck: das Verlangen nach genitaler Verbindung, die Sehnsucht nach ganzheitlicher Intimität mit dem Menschen, der mir alles bedeutet, das Urbedürfnis nach Vereinigung, ein Drängen, das uns Menschen zu eigen ist, das über die sexuelle Vereinigung hinaus nach einer Vereinigung im tieferen Sinne einschließlich der Vereinigung mit Gott oder dem Kosmos verlangt. Als kosmische Empathie sehnt es sich „nach Glauben und ruft nach Gott“ (Hoppe 1985, 123).

Das Zulassen dieser Bedürfnisse und Sehnsüchte und der damit einhergehenden Gefühle mag auch das sexuelle Verlangen anwachsen lassen. Ja, die sexuelle Verbindung wird oft als der einzige Weg gesehen, der zur Erfüllung dieser Bedürfnisse und Sehnsüchte führt. Dem Unsterblich-sich-Verlieben kann und soll das sexuelle Ambiente nicht weggenommen werden. Doch es kann auch nicht auf den sexuellen Aspekt reduziert werden, sosehr gerade in der Jugendzeit das Unsterblich-sich-Verlieben auch die sexuelle Seite aufwecken, ja aufbrechen mag, ein Ereignis, das im Gesamtprozeß der Entwicklung notwendig sein kann. In dieser Phase des Lebens ist in der Regel aber noch nicht jene Tiefe gegeben, die die dabei gemachten Erfahrungen so umfassend erleben läßt, daß sie Leib und Seele berühren, bahnt doch die Erfahrung des Unsterblich-sich-Verliebens oft erst den Weg hin zu größerer Tiefe.

Die große Kunst im Zustand des Unsterblich-sich-Verliebens besteht darin, die leidenschaftlichen Bedürfnisse und Sehnsüchte zuzulassen, ohne zu ihrem Opfer zu werden. Sie verlangt die Fähigkeit und Bereitschaft, die Bedürfnisse und Erfahrungen, die zu diesem Verlangen führen, zu unterscheiden. Zulassen heißt daher zunächst einmal, einfach das zulassen, was in mir passiert, wenn ich diese Bedürfnisse und Sehnsüchte bei mir verspüre, um auf diese Weise auch in Berührung zu kommen mit dem, was an ureigenstem Verlangen zum Ausdruck kommen will. Das kann die sexuelle Vereinigung sein. Es kann aber auch eine tiefe Sehnsucht sein nach Intimität, nach Gemeinschaft, nach einer Erfahrung, die mich übersteigt. Sehnsüchte, die auch im sexuellen Zusammensein erfüllt werden können, die aber nicht nur über sie und auch nicht unbedingt vorzugsweise und vor allem mit einer gewissen Beständigkeit über sie erfahren werden können. Zulassen heißt daher auch zulassen, was mit mir passiert, wenn ich diese Bedürfnisse und Sehnsüchte nicht sofort sexuell befriedige. Diese Erfahrung kann mir mitunter mehr, als eine unmittelbare Befriedigung es vermöchte, helfen, meine Ursehnsüchte deutlicher zu erspüren und den Weg dahin zu bahnen, wo und wie diese Sehnsüchte tatsächlich gestillt werden können. Der Ehelose beispielsweise, der seine sexuellen Bedürfnisse und Sehnsüchte nicht abschneidet, sondern zu Ende denkt, wird, so Anselm Grün (1989,20), „auf seine Ursehnsucht nach Lebendigkeit stoßen".

Was, so fragt Thomas Tyrell (1980,50), jagt uns Furcht ein, daß wir glauben, wir müssen das Unsterblich-sich-Verlieben unterdrücken? Menschen, die eine solche Furcht erfahren, erlebt er als Menschen, die nicht inkarniert sind, deren Körper *nach* der Schöpfung entstanden sind. Da das Zentrum der Zärtlichkeit nahe an dem Zentrum der sexuellen Gefühle liegt, glauben sie, auch die Zärtlichkeit aus ihrem Leben hinauskatapultieren zu müssen, mit der Folge, daß sie auch nicht in der Lage sind, echte Fürsorge, Sorge, Gefühle für andere zu empfinden und zum Ausdruck zu bringen.

Sich dem Prozeß des Unsterblich-sich-Verliebens zu stellen ist wichtig, um die mit diesem Prozeß einhergehenden emotionalen Entwicklungen nicht zu blockieren. Es geht unter anderem darum, meine Sexualität und das, wofür sie steht, meine Leidenschaft, Kraft, Energie, Kreativität und Fruchtbarkeit anzunehmen und zu integrieren. Ein Zeichen aber, daß ich meine Sexualität und alles, wofür sie steht, integriert habe, ist, so Anselm Grün (1989,22), „die Fruchtbarkeit, die um einen herum entsteht". Sich auf die Erfahrung des Unsterblich-sich-Verliebens einlassen heißt weiter, meine Sinnlichkeit, meinen Eros und all die Gefühle zuzulassen, deren sich Eros bedient in seinem Verlangen nach mehr, nach dem Schöneren, nach dem Vollkommeneren, nach der Vereinigung mit den Menschen, mit der Welt und mit Gott.

6. Feuer, das von innen brennt

Sich unsterblich verlieben, sich überhaupt verlieben, das kann und soll uns das ganze Leben über mit unterschiedlichen Graden und in den verschiedenen Phasen unseres Lebens immer wieder passieren. Ich muß mich diesem Prozeß aussetzen, ich muß mich in diesen Prozeß hineinbegeben, weil es mich mit meiner Leidenschaft in Berührung bringt, mich vulkanisiert, meine Säfte zum Kochen und ins Leben bringt. Unterlasse ich es, behindere ich mich, fehlt mir etwas ganz Entscheidendes. Lasse ich mich auf diesen Prozeß ein, kann es mir allerdings auch passieren, daß ich davongetragen werde, ich mich verbrenne. Ich kann so überwältigt werden davon, daß ich ihm verfalle und abdrifte.
Es gibt ein Wüstenphänomen, das man *ignis fatuus* nennt (vgl. Tyrell 1980, 17ff). Es ist jenes Feuer, das der Wüstenwanderer in der Ferne sieht. Es handelt sich tatsächlich um ein Feuer, möglicherweise einer Karawane. Nur versucht er, diesem Feuer zu folgen, kommt er von seinem eigentlichen Weg ab, den ihm die Sterne weisen. Er mag vorübergehend seine Bedürfnisse befriedigen können. Doch die tiefsten Sehnsüchte werden ungestillt bleiben. So verhält es sich mit dem Unsterblich-sich-Verlieben. Es entzündet mich. Macht mir was vor, verspricht mir für den Moment eine Nähe, eine Intimität, eine Verbun-

denheit und eine Einswerdung, die es letztlich aber nicht abdecken kann. Wehe, ich lasse mich verführen – und ein Stück weit muß ich es ja – ich werde aufsitzen und schließlich merken, daß ich mich an der Nase habe herumführen lassen.
Das Sich-Einlassen auf das Sich-unsterblich-Verlieben und die damit einhergehende Leidenschaft bleibt mir damit aber nicht erspart, auch wenn ich abgleiten, mich gehörig verbrennen kann, wenn ich dem „falschen" Feuer folge. Ich kann mich aber auch auf das Unsterblich-sich-Verlieben einlassen, und dabei den Blick nach den Sternen, meiner eigentlichen Orientierung, nicht vergessen, mich von dort her bestimmen lassen. Sie sind kein ignis fatuus, sie halten mich nicht zum Narren. Sie werden mich, folge ich ihnen, auch auf Wege führen, die Einsamkeit, Traurigkeit, Kälte und Entfremdung mit sich bringen. Sie werden mich aber letztlich dahin bringen, wo nicht nur Licht und Feuer ist, sondern wo ich die Wärme und die Nähe finde, nach denen ich mich letztlich sehne, und die mehr sind als ein kurzes Erlebnis.

Wenn man durch Amsterdams Straßen spazierengeht, das bunte Treiben, die Mischung von Bürgertum und Ausgeflippten auf sich wirken läßt, noch in Gedanken in dem Zimmer von Anne Frank verharrt über die Wirkung, die von diesem Kind ausging, kann man sich plötzlich wiederfinden in einem Getto aus Pornogeschäften, Kondomerien, Gay Movies und Sexbars, um gleichsam als Krönung von einer nahezu nackten, von oben bis unten zugepuderten Prostituierten durch ein Schaufenster holdselig angelächelt zu werden. Sie wirkt wie eine Porzellanpuppe, und genau das will sie vermitteln: Einen sauberen, glatten, problemlosen Sex – ohne Konsequenzen, ohne Verbindlichkeit, ohne Tiefe. Das Eindringen wird die Schicht des Porzellans nicht durchdringen. Es bleibt, sosehr der Höhepunkt auch für Sekunden den Eindruck und das Gefühl tiefer Verbun-

denheit vermitteln mag, ein nur die Oberfläche berührendes Erlebnis, das sehr bald vorbei ist.

Die Oberfläche wird durchstoßen, wenn zwei Menschen sich nicht nur äußerlich begegnen, es nicht nur beim äußeren Verbinden bleibt, sondern jenes Eindringen ermöglicht wird und möglich wird, das die jeweiligen Partner in den zentralen Bereichen – emotional, geistig, körperlich, seelisch – verbindet. Erst dann werde ich dahin geführt, wohin es mich wirklich drängt: nach Beziehung, nach Intimität, nach Annahme und Bestärkung. Diese Intimität berührt eine Tiefe in mir und wird von einer Tiefe in mir genährt, auch weil der Weg in diese Tiefe ein schwerer Weg ist. Ein romantisches Kerzenlicht vermag das nicht zu leisten.
Man denke etwa an die vielen, durchaus verlockenden Anzeigen von Ehevermittlungsstellen, die eine kaum überbietbare romantische Intimität versprechen, wenn sie etwa, wie folgt, verheißungsvoll ankündigen:

Ich bin Arzthelferin, 29 Jahre, 168 cm, schlank, habe lange blonde Haare und heiße Angela. Keiner ahnt, wie einsam ich bin. Meine hübsche kleine Wohnung ist liebevoll eingerichtet, ich habe eine Kerze angezündet. Wenn es jetzt klingeln würde, und du würdest mich in die Arme nehmen. Ein liebevolles Essen hätte ich für dich vorbereitet, eine Flasche Wein geöffnet. Ein Abend voller Liebe und Zärtlichkeit würde vor uns liegen. So könnte es immer sein ... Du brauchst nur anzurufen, ich warte schon sehnsüchtig auf dich!

Solchen Erfahrungen, die ich nicht abwerten will, die es aber auch nicht zu verwechseln gilt mit dem, was ich unter einer geerdeten Intimität verstehe, steht eine Beziehung gegenüber, die das romantische, wärmespendende und heimeligkeitverbrei-

tende Kerzenlicht und dessen leidenschaftliches Lodern ebenso kennt wie das Feuer, das einen schier verbrennt, bei dem letztlich nur Bestand hat, was uns wesentlich zu eigen ist.
Dazu bedarf es aber eines Feuers, das von innen brennt. Oft bringt mich erst das Unsterblich-sich-Verlieben mit diesem Feuer in Kontakt, macht den Weg dahin frei, wenn es sein muß mit der Kraft und der Wucht eines Vulkanausbruches.

> Die Tatsache, daß ein Mann sein Herz auf eine Frau zentriert, bedeutet nicht *notwendig*, daß dieser Mann sich in seiner Beziehung zum Göttlichen gefühlsmäßig ‚neutralisiert' findet. Durch den weiblichen Stern *hindurch* kann die göttliche Sonne (*weil* viel stärker) noch wahrgenommen werden. Sie kann scheinen, und selbst mit einem lebendigeren Ausbruch, auf der gleichen Linie und darüber.
>
> *Teilhard de Chardin*

7. Sich unsterblich verlieben und zölibatäres Leben

Was kann mir die Erfahrung des Unsterblich-sich-Verliebens als zölibatär Lebender sagen?
Zunächst meine ich, daß es wichtig ist, sich auch als zölibatär lebender oder angehender zölibatär lebender Mensch, der Erfahrung, sich unsterblich zu verlieben, zu stellen. Denn diese Erfahrung hilft mir, mit meiner Lebenskraft in Kontakt zu kommen. Wenn ich sie bis zum bitteren Ende durchgestanden habe, macht sie es mir leichter, zölibatär zu leben.

Ich kann natürlich nicht nur über das Unsterblich-sich-Verlieben mit meiner Lebenskraft in Berührung kommen. Doch, so scheint es, werden entscheidende Kräfte, wie sie in der Sexualität, im Eros, in ekstatischen Erfahrungen, in Gipfelerfahrungen zum Ausdruck kommen, durch den Prozeß des Unsterblich-sich-Verliebens entbunden. Ein Schatz in uns wird gehoben, der vorher übersehen worden war, jedenfalls noch nicht zum Zuge gekommen ist. Was aber wäre, würde dieser Schatz dem zölibatär lebenden Menschen verschlossen bleiben? Was wäre, könnte er die dadurch geschenkten und vermittelten Regungen, Gefühle und Erfahrungen nicht auch fruchtbar machen für sich, seine Beziehungen zu anderen und vor allem auch seine Beziehung zu Gott? Seine Beziehung zu sich selbst, zu anderen und zu Gott würde blutlos, steril, leidenschaftslos, kalt bleiben. Ihr würde die Intensität fehlen, überhaupt erst zu sich, zu anderen, zu Gott vordringen und damit eine wirkliche Beziehung eingehen zu können.
Für den zölibatär Lebenden ist es wichtig, um in dieser Lebensform leben und überleben zu können, daß er intensive, emotionale Beziehungen zu Männern und Frauen hat. Eine intensive, herzliche, Leib und Seele berührende Beziehung zu Gott ist darüberhinaus geradezu die Voraussetzung dafür, um als ehelos Lebender eine Chance haben zu können, ein zölibatäres Leben halten und aushalten zu können. Ist diese Beziehung zu Gott nur etwas aufgesetztes, nur etwas verbales und formales, wird ein religiös motiviertes zölibatäres Leben, das ein Ja zum Leben darstellt und bei allem Versagen vor den Augen Gottes und der Mitmenschen bestehen kann, da es integer gelebt wird, nur schwer möglich sein. Die intensive, gelebte, den ganzen Menschen in Beschlag nehmende Beziehung zu Gott, ist das Fundament eines zölibatären Lebens, das lebensbejahend ist und die beste Chance hat, entscheidend zu einem geglückten Leben beizutragen. Nicht wenige Probleme, die im

Zusammenhang mit dem zölibatären Leben auftreten, haben auf der anderen Seite damit zu tun, daß dieses Fundament einer lebendigen Gottesbeziehung erheblich beschädigt ist.
Ist das aber der Fall, ist der Anfälligkeit für Strebungen, Stimmungen, Verlockungen, die vom zölibatären Leben wegführen, Tür und Tor geöffnet.
Die Erfahrung des Sich-unsterblich-Verliebens bringt mich nicht nur mit meiner Lebenskraft und Leidenschaft in Berührung, sie führt mich auch zu mir, bringt mich auf den Boden der Wirklichkeit, erdet mich, lasse ich mich wirklich auf sie ein und durchlebe ich sie bis zum Ende. Das aber ist das große, oft unerwartete Geschenk: auf mich zurückgeworfen mir selbst zu begegnen. Zunächst wehre ich mich noch, glaube ich es nicht aushalten zu können, lehne ich mich dagegen auf. Doch spätestens, wenn mir zunehmend klar wird, daß ein Ausweichen der Konfrontation mit mir selbst wieder zu Höhenflügen führen würde, denen unweigerlich der Absturz folgen würde, stelle ich mich mir selbst.
Und dann kann das Wunder geschehen, daß ich im zunehmenden Erahnen, Spüren und Begreifen dessen, was mich wirklich ausmacht, ergriffen werde von der frohen Entdeckung meiner selbst. Es ist die Erfahrung, daß da soviel Schönes, Liebenswertes, Wertvolles, Tiefes, Unergründliches, Heiliges, Intimes in mir ist, ich all das bin. Es ist, als ob ich plötzlich sehr viel weiter, größer und tiefer werde, mich eine wärmende Sonne anstrahlt, ja ich selbst zur Sonne werde.
Jetzt fühle ich mich zunehmend – und das oft zum ersten Mal – mit mir selbst, mit meinem Selbst vereint, und zugleich spüre ich, wie ich mich damit einhergehend mit anderen Menschen, dem Kosmos, mit Gott verbunden fühle. Erst jetzt, wo ich die Lücke zwischen mir und meinem Selbst zu schließen vermochte, ich mit mir richtig in Kontakt gekommen bin, in mich eingedrungen bin, mich mit mir vereinigt habe, mache ich

die Erfahrung, nach der ich mich im Prozeß des Unsterblich-sich-Verliebens so sehr gesehnt habe: Dem Gefühl, der Ahnung, dem Gespür, der Erfahrung eingewoben, verbunden, vereint zu sein, dazu zu gehören.

Ich spüre, wie zunehmend Freude in mir aufkommt. Es ist eine Freude, bei der die Seele tanzt, bei der ich außer mir bin, ich die Routine, das Selbstverständliche, das immer schon so Gewesene, verlasse. Es ist die Freude, bei der ich spüre, wie innere Energie mich überflutet, ich mich wundern und staunen kann. Es ist die Freude, die, so Rollo May (1981, 241 f.), gehen und sein lassen kann, die Freude, die nicht in Sicherheit begründet ist, sondern auf des Messers Schneide liegt. Es ist die Freude über die Offenbarung von etwas, das bisher unbekannt war, die Freude, die aus der Bereitschaft wächst, Risiko auf sich zu nehmen, um Grenzen zu überwinden. Dieser Freude haftet etwas von der Erfahrung an, die Stanislav Grof (1985, 310) ozeanische Ekstase nennt und die von einem großen inneren Frieden, einer großen Ruhe und Ernsthaftigkeit, von strahlender Freude gekennzeichnet ist. Eine Erfahrung, bei der ich die Grenzen, die mein Ich markieren, nicht mehr spüre und in mir ein Gefühl absoluter Einheit mit der Natur, dem Kosmos, Gott aufkommen läßt.

Bin ich in meinem persönlichen Entwicklungsprozeß an dieser Stelle angekommen, bei der ich in Berührung mit mir selbst, meinem Selbst gekommen bin und meine eigenen Kräfte und Säfte entbunden habe, die notwendig sind, um psychisch gesund leben zu können, dann (und eigentlich erst dann) bin ich in der Lage, die Entscheidung zu treffen und dann auch durchzuhalten, zölibatär zu leben oder zu heiraten. Jetzt bin ich auch grundsätzlich fähig für beide Lebensformen. Ich bin es, weil ich nicht länger abhängig bin von einer Beziehung und all den Sehnsüchten und Bedürfnissen, für die sie stehen mag. Ich brauche sie, ich verlange danach, aber ich brauche sie nicht mehr, um überleben zu können, vor allem aber mißbrauche ich meine Beziehungen nicht länger für etwas, für das sie eigentlich nicht hilfreich sind, etwa, weil ich mir selbst nicht gut genug bin, ich selbst über kein Fundament verfüge, ich mein Allein-Sein nicht aushalten kann.

Jetzt bin ich offen für andere, bereit, mich entsprechend meinem Lebensstil auf unterschiedlich intensive Beziehungen mit anderen einzulassen. Ich kann das, da ich die Erfahrung machen durfte, daß ich allein leben und sein kann, ich vieles von dem, was ich in der anderen Person suchte, bei mir habe. Vieles mag ich nach wie vor vermissen, doch dieser Verlust haut mich nicht um, da ich in mir feststehe.

Ich mag in mir dann stark das Verlangen spüren, zum Beispiel mit dieser oder jener Frau mich sexuell zu erfahren und mag dabei fast verrückt werden. Solange ich im Zustand des Unsterblich-sich-Verliebens bin, mag ich diesem Verlangen verfallen, mag ich glauben, gar nicht anders zu können als ihm nachzugeben. Jetzt, nach der Erfahrung des Unsterblich-sich-Verliebens, mit mir, meinem Selbst in Berührung gekommen, auf eigenen Füßen stehend und in der Lage, meinen eigenen Boden bestellen zu können, meine Säfte und Elemente für meinen Boden und mein Wachsen fruchtbar machen zu können, – jetzt mag mein sexuelles Verlangen nach wie vor stark sein, aber es vermag mich in der Regel nicht mehr zu überwältigen. Ich nehme es wahr, spüre es und nehme es an. Ich weiß – das Einverständnis der anderen vorausgesetzt –, daß ich dieses Verlangen stillen könnte, würde ich im sexuellen Zusammensein mit ihr die Lücke zwischen uns schließen. Zugleich weiß ich aber auch, daß diese Lücke nur für wenige Momente sich schließen würde. Das kann mir helfen, mein Verlangen nach ihr nicht zu verwechseln mit dem uns allen zu eigenen Urverlangen nach Einswerden. Diese Erwartung würde sich nicht erfüllen. Sie würde sich als Illusion erweisen, mich möglicherweise noch weiter von

dem abbringen, wonach ich mich sehne. Hier mag mich das sexuelle Verlangen daran erinnern, noch einmal genauer bei mir hinzuschauen, wieweit ich mich wirklich mit mir selber auseinandergesetzt habe, mein letzt-end-liches Allein-Sein akzeptiert habe. Bin ich in Berührung mit mir selbst und habe ich mein Fundament gefunden, meinen Boden bestellt, auf dem Leben gedeihen kann, dann weiß und spüre ich, daß die Nicht-Erfüllung meines sexuellen Verlangens mich nicht zu einem halben Menschen macht, mir nicht für das Leben wesentliche Erfahrungen vorenthält, mir nicht ein Leben in Fülle verunmöglicht. Es entgeht mir etwas, es entgeht mir etwas mitunter sehr Schönes und Lustvolles. Aber es entgeht mir nicht etwas, das mein Leben nicht länger lebenswert oder weniger wert oder weniger sinnvoll macht, wenn ich darauf verzichte.
Jetzt bin ich auch in der Lage, da das Grundsätzliche in meinem Leben gegeben ist und ich auch entsprechende Erfahrungen gemacht habe und mache, bewußt auf etwas zu verzichten, das z.B. nicht in Einklang zu bringen ist mit dem Rahmen, dem Lebensstil, den ich für mich gewählt und auf den ich mich verpflichtet habe. Als Verheirateter kann ich nein sagen zu dem Begehren für eine andere Frau, weil ich weiß, daß ein Zulassen und Ausagieren dieses Verlangens die mit meiner Frau eingegangene Verpflichtung verletzen würde. Ich kann das um so mehr, wenn mein Ja zu meiner Frau in dem eher nüchternen Zustand des durch die Erfahrung unsterblichen Verliebtseins Geheilten gesprochen worden ist. Bei mir angekommen kann ich als einer, der bei sich und in sich selbst, in seinem Selbst Halt gefunden hat, mich (wieder) für das einst Erwählte und gegen das Verlockende entscheiden.
Als zölibatär Lebender kann ich ebenso ja sagen zu meinem gewählten Lebensstil der sexuellen Enthaltsamkeit, da ich jetzt nicht länger dem Zauber des Unsterblich-sich-Verliebens verfallen bin, gerade auch, weil ich mich dieser Erfahrung gestellt

habe und dadurch geläutert, mit meinem wahren Schatz, mit meinen wahren Schätzen in Berührung gebracht worden bin. Das Ja zu meinem gewählten Lebensstil wird mir dabei nicht immer leichtfallen und manchmal werde ich vielleicht auch versagen. Aber es ist möglich und vor allem, es bin dann ich, der sich für dieses oder jenes entscheidet, und ich bin nicht irgendeiner magischen Kraft ausgesetzt. Und auch hier gilt, je mehr meine Entscheidung, zölibatär zu leben im psychischen Zustand dessen getroffen worden ist, der um sein existentielles Alleinsein weiß, der darüber hinaus fähig ist, allein *und* mit anderen zu leben, desto eher wird es möglich sein, zu dem zu stehen und das zu leben, was ich für mich beschlossen habe.

In unseres Busens Reine wogt ein Streben
Sich einem höheren, reineren, unbekannten,
Aus Danckbarkeit freywillig hinzugeben
Enträthselnd sich den ewig ungenannten;
Wir heissen's fromm seyn! – Solcher Selgen Höhe
Fühl ich mich theilhaft wenn ich vor ihr Stehe.

Wolfgang von Goethe

8. Entbrannt von Liebessehnen

Im Unsterblich-sich-Verlieben ist auch die Sehnsucht nach Gott anwesend. Wer davon gepackt ist, wird diese Sehnsucht nach Gott noch nicht erkennen. Sie ist noch zu sehr „gefangen in dem menschlichen Verlangen“ (Tyrell, 1980, 1988). Dieses Verlangen *nach* bricht sich Bahn, wenn das menschliche Streben, wie es sich im Prozeß des Unsterblich-sich-Verliebens zeigt, Schiffbruch erleidet, entkräftet daniederliegt, Enttäuschung, Scham und Resignation sich breitmachen. Ich bin wieder allein. Genau das hatte ich verhindern wollen, war doch mein Allein-Sein der Auslöser für mein drängendes Verlangen nach der anderen Person. Jetzt bin ich aber um die Erfahrung reicher, daß das Unsterblich-sich-Verlieben mich nicht aus meinem Allein-Sein „erlöst", mir nicht die Einswerdung schenkt, nach der es mich so sehr drängte. Zugleich bin ich aber auch in einem mir bisher unbekannten Ausmaße mit meiner Leidenschaft in Berührung gekommen.

Mein Sturzflug vom Himmel der Illusion endet mit einem harten Aufprall auf dem Boden der Wirklichkeit. In diesem Moment platzt die Illusion, und im gleichen Augenblick werde ich aufgebrochen, damit aber die Seite in mir freigelegt, die sich im Unsterblich-sich-Verlieben schon meldete, aber noch nicht richtig zum Zug kam.

Sie verlangt nach einer Vereinigung, die das Verlangen nach Vereinigung, wie es sich im Prozeß des Unsterblich-sich-Verliebens zeigt, übersteigt. Sie setzt tiefer an. Sie will nicht etwas überspringen. Nicht einfach schnell das Allein-Sein überwinden, fliehen, das eigene Ich und Selbst hinter sich lassend, das Heil in den rettenden Armen der anderen suchend. Jetzt will ich in Berührung mit mir selbst kommen, in Berührung mit meiner Tiefe in mir und meinem tiefen Verlangen zu Dir, ich will zu Dir, mit all dem, was mich ausmacht. Im Zulassen dieser Tiefe, lasse ich auch die Sehnsucht zu und fördere sie, die nach Dir, mein Gott, verlangt. Ich schaffe den Raum, um es diesem tief in mir sich meldenden Verlangen *nach* zu ermöglichen, sich nach vorne zu bewegen, sich auszubreiten, mich noch stärker zu erfassen. Jetzt ist auch der Durchbruch zu Dir geschafft, dem Verlangen nach Dir keine Grenze mehr gesetzt. Das Fest der Kommunion kann gefeiert werden.

Es bedurfte des Unsterblich-sich-Verliebens, um mich so zu öffnen, ja mich aufzureißen, daß die tief in mir festgehaltene, sich lediglich da und dort zaghaft meldende Leidenschaft nach Gott ausströmen kann. Es bedurfte der Ekstase und der Agonie des Unsterblich-sich-Verliebens, um jene Schicht in mir zu sprengen, die mein Verlangen nach Gott dämpfte und blockierte. Noch bin ich wie erschlagen, total geschwächt von der Enttäuschung und den Schmerzen, die ich mir bei meinem Aufprall geschlagen habe. Ich stöhne und seufze, will mich zurückziehen, voll Scham über meine mir erst jetzt bewußt gewordene Nacktheit. Zugleich spüre ich, wie tief aus mir ganz leise und zart ein Gefühl aufsteigt, das sich warm anfühlt. Zunehmend wird mein Seufzen und Weinen verwandelt in ein angenehmes, zunächst undeutliches Blubbern, dann deutliches frohes Aufspringen meiner Gefühle, bis schließlich wie eine Fontäne ein inneres Aufjauchzen sich breit macht, mich zutiefst berührt und beseelt, ich mich dem Sprudeln meiner gerade entdeckten und zum Fließen gebrachten Lebensquelle überlasse. Ich schwinge ein in den Tanz der Ekstase, der die Wildheit und das Ungestüme des Unsterblich-sich-Verliebens abgeht, die mich aber wesentlich ergreift und von ihrer Wirkung her auch wesentlicher, tiefergehender, langandauernder ist. Sie ist Ausdruck innerer Freude, Ausdruck meiner entbundenen, im Springen und Sprudeln meiner Lebensquelle sich ausgießenden Lebenskraft. Die Kraft, die vorher fast nur nach außen floß, durchströmt jetzt mich *und* eröffnet mich für andere.
Sie öffnet mich auch für Gott, macht den Weg frei zu ihm, und was ich bereits leise und immer stärker in mir an Verlangen nach Gott verspürte, reißt sich jetzt los von mir und wird zum reißenden Strom, der mich zu Gott hintreibt. „Entflammt von Liebessehnen“ findet meine Leidenschaft ihre höchste Erfüllung, ihre Ruhe und ihren Frieden in der Vereinigung mit und im Aufgehen in Gott.

Mein Gott, ich bete Dich an,
oh ja, Du bedeutest mir so viel, daß es mir nicht schwerfällt Dich anzubeten,
zunächst wie eine Frau, die ich gern habe und an der ich alles gut finde,
für die ich alles tue, gerne tue, darin meine Erfüllung finde.
Ist aber mein Anbeten von Dir so sinnlich wie das bei einer Frau?
Bin ich dabei in meinem ganzen Wesen, so eingetaucht, ist da dieses Herzklopfen, dieses weihnachtliche Gefühl von Erhabenheit,
ist da das vorhanden, das dem Leben eine neue Tönung gibt?
Es ist anders – aber nur dann, wenn ich mit der Schere hergehe und dieses Anbeten von jenem Anbeten trenne.
Wie kann ich eine Frau anbeten, ohne zugleich Dich anzubeten?
Du hast sie ja gemacht, so gemacht, für mich so gemacht.
Alles, was da bei diesem Anbeten in mir vorgeht,
das Entrücken, Begehren, Herzklopfen, Glück, gehört genauso zu meinem Gebet zu Dir.
Und wie könnte ich Dich anbeten, ohne damit zugleich das, was Du geschaffen hast, darunter die Frau, anzubeten?
Das ist es ja auch, warum ich Dich anbete.
Denn das ist ja das kleine Stückchen, das ich von Dir sehe und das mit genügt, an Dich zu glauben,
Dir dafür zu danken,
vor Dich zu treten,
um Dich anzubeten.

Die jüdische Mystik kennt folgenden Ausspruch (vgl. Buber 1923,187):
Wer eine Frau sehr begehrt und ihre buntfarbenen Gewänder betrachtet, dessen Sinn geht nicht auf das Prunkzeug und die

Farben, sondern auf die Herrlichkeit der begehrten Frau, die in sie gehüllt ist. Aber die anderen sehen nur die Gewänder und nichts mehr. So schaut, wer Gott in Wahrheit begehrt und empfängt, in allen Dingen der Welt nur die Kraft und den Stolz des Bildners des Urbeginns, der in den Dingen lebt. Wer aber nicht auf dieser Stufe ist, sieht die Dinge von Gott getrennt.

III. SEXUALITÄT UND SPIRITUALITÄT – LEIB UND SEELE

Das Lebendigste des Greifbaren ist das Fleisch.

Teilhard de Chardin

1. „Der Körper ist die Person“

„Der Körper ist die Person.“ Diese zentrale Aussage der Bioenergetik mag auf den ersten Blick als eine einseitige Betonung des Körperlichen, ja eine eigentlich unannehmbare Reduzierung der Person auf das Körperliche, gar das Nur-Körperliche erscheinen. Wer von der christlichen Tradition geprägt ist und im Zusammenhang mit dem, was eine Person ausmacht, vor allem an den Geist und die Seele denkt, für den wird eine solche Aussage zur Herausforderung, wenn sie nicht gleich auf Ablehnung stößt und dazu führt, daß er sich nicht weiter damit auseinandersetzt.
Es gibt Aussagen, zumal von Wilhelm Reich, einem der Väter der Bioenergetik, die den Eindruck erwecken, als stehe der Körper und das Funktionieren der körperlichen Funktionen so sehr im Vordergrund, daß ihnen allein zugesprochen wird das zu sein, was eine Person ausmacht. Das führt dann bei ihm auch dazu anzunehmen, daß vornehmlich, wenn nicht allein, über den Körper Heilung, auch sogenannter psychischer Erkrankungen, erfolgen kann. Im voll funktionierenden Orgasmus sieht er den Garant dafür, daß die für ein gesundes Leben notwendige Energie vorhanden ist und ganz in den Dienst dieses Lebens gestellt wird. Der Mensch, der die Fülle des Orgasmus erlangen und erfahren kann, dessen Lebensenergie in der

Ermöglichung und der Erfahrung des Orgasmus kumuliert und total zum Ausdruck kommt, dabei auch total aufgebraucht wird, ist gesund. Seine Energie findet im Orgasmus den angemessenen Ausdruck und die entsprechende Entladung. Sie wird nicht „mißbraucht" für die Bildung und Aufrechterhaltung von psychischen Störungen.
Wilhelm Reich geht also weiter als Sigmund Freud, indem er nicht nur die Unterdrückung der Sexualität als Ursache psychischer Störungen betrachtet, sondern die Abwesenheit oder Blockade der genitalen sexuellen orgasmischen Erfüllung dafür verantwortlich macht und von daher sich nicht damit begnügt, durch einen psychoanalytischen Prozeß das verdrängte Material ins Bewußtsein zu rufen, sondern konkret darauf abzielt, den Menschen zum vollfunktionierenden Orgasmus zu verhelfen.
Sigmund Freud sieht die vollverwirklichte Sexualität in der genital vollzogenen Sexualität. Der nach Befriedigung drängende Trieb, die Libido, erfährt erst dann seine Auflösung, wenn er im sexuellen Orgasmus seinen Höhepunkt und seine Vollendung zugleich erreicht hat. Was darunter bleibt, dem kann nicht die Fülle der Sexualität zugesprochen werden. Das zärtliche Empfinden, so Sigmund Freud (1978,II,394), „hat mit dem stürmischbewegten, genitalen Liebesleben, von dem es doch abgeleitet ist, nicht mehr viel äußere Ähnlichkeit".
Eine solche Sichtweise ist offensichtlich einseitig. Ein Blick auf jene, die zum vollen Orgasmus fähig sind, damit aber längst nicht als psychologisch gesund bezeichnet werden können, bestätigt das. Dazu kommt, daß einem solchen Ansatz eine sehr reduzierte Vorstelllung und Bedeutung der Sexualität zugrunde liegt. Alexander Lowen, Schüler von Wilhelm Reich und der eigentliche Begründer der Bioenergetik, hat eine so enge Sichtweise überwunden, indem er, sich durchaus in der Tradition Reichs bewegend, ein weitergehendes Verständnis unter

anderem auch der Sexualität anbietet. Nicht umsonst heißt sein neuestes Buch „Die Spiritualität des Körpers". Darin bleibt er der Grundaussage der Bioenergetik „Der Körper ist die Person" treu, läßt aber zusätzlich Dimensionen zu, die auf eine ganzheitlichere Betrachtungsweise der Person als dies bei Wilhelm Reich geschieht, hinweisen. So sind für ihn Körper und Psyche eins. Das heißt, er geht davon aus, daß der Körper des Menschen mit einem Geist ausgestattet ist, der von seiner Psyche am Leben erhalten wird.
Für ihn ist es weiter wichtig, die selbstverständliche Bedeutung, die dem Körper zukommt, klar herauszustellen. Er ist nicht nur das Roß, dessen sich der Geist oder die Seele in Gestalt des Reiters bedient. Und er ist auch nicht nur das Haus, in dem der Geist wohnt. Dem Körper wird die gleiche Bedeutung zugesprochen, die oft allein dem Geist oder der Seele zugesprochen wurde. Er fällt gegenüber dem Geist und der Seele qualitätsmäßig nicht ab. Er ist schon gar nicht ein notwendiges Übel, das man halt in Kauf nehmen muß. Alexander Lowens Verdienst ist es, die einzigartige und eigentlich selbstverständliche Bedeutung unseres Körpers herauszustellen und damit einer zum Teil unheilvollen Trennung von Körper und Seele und damit einhergehend unterschiedlichen Wertung von Körper und Seele entgegenzuwirken. Daß er dabei, jetzt von einem christlichen Verständnis her gesehen, den Körper überbetont, und dabei der Bereich der Psyche, gar der Seele, zu kurz kommen mag, genügt in diesem Zusammenhang zu erwähnen. Das gilt auch für sein Verständnis von Spiritualität, das zwar auch Bezug auf die jüdisch-christliche Tradition nimmt, vor allem aber von C. G. Jungs Idee geprägt ist, wonach „der Geist die innere Erfahrung des Körpers ist".
Es kann nicht darum gehen, jetzt den Körper in Zusammenhang mit Spiritualität, Gottesbeziehung und Gotteserfahrung auf Kosten des Geistes und der Psyche herauszustellen. Es geht

vielmehr darum, ihm den ihm gebührenden Platz dabei einzuräumen. Das aber heißt: „Christliche Spiritualität hat zu tun mit jemandes Erfahrung, sowohl eine physische wie auch eine intellektuelle Person zu sein; ein Einzelwesen und ein Gemeinschaftswesen zu sein; in der Schöpfung verwurzelt und zur Transzendenz berufen zu sein. Das aber heißt, daß Gottes Aktivität nicht begrenzt werden kann auf die Sphäre des ‚Heiligen', vorwiegend verstanden als Gebet, Sakramente und kirchenbezogene Aktivität. Vielmehr sind alle Aspekte der Welt als die Arena von Gottes Interaktion mit den Menschen zu betrachten" (Repicky 1990,19 f.).

Ein ganzheitliches Verständnis von Personsein läßt nicht zu, daß man streng unterscheidet zwischen Seele und Leib und darüber hinaus davon ausgeht, daß die Seele die wirkliche Person sei, die in irgendeiner körperlichen Behausung sich niedergelassen hat. So als wäre der Körper das Schiff, das von dem Kapitän Seele gesteuert würde, oder ein Kran, der vom Arbeiter bedient wird, oder wie es Augustinus sieht, das Pferd, das einen Reiter benötigt (vgl. Repicky 1990,28). Sagt doch Thomas von Aquin: „Weil die Seele nur ein Teil des menschlichen Wesens ist, darum besitzt sie die Vollkommenheit ihrer Natur nicht außer in der Vereinigung mit dem Leibe."

Wohl dem, der Lust zum Gesetz des Herrn hat. Der ist wie ein Baum, gepflanzt an den Wasserbächen, der seine Frucht bringt zur rechten Zeit, und seine Blätter verwelken nicht; und was er macht, das gerät wohl.

Ps 1

2. Mich als Mensch mit Leib und Seele bejahen

Wenn ich die Lebenskräfte und -säfte, die Gott mir geschenkt hat, zulasse, wenn ich mich voll als Mensch, mit Leib und Seele bejahe, dann bin ich wie ein Baum, gepflanzt an den Wasserbächen, der seine Frucht bringt zu seiner Zeit. Alle Spiritualität muß ihren Anfang nehmen von dem, was eigentlich schon da ist – und das ist so unendlich viel. Sie muß ihren Anfang nehmen von mir, dem ganzen Menschen, der so wunderbar gemacht ist, der nur deshalb wie ein Baum sich erheben kann, weil er, gepflanzt an den Wasserbächen, verwurzelt ist mit der Erde, eingebunden ist in die Schöpfung.
Eine Spiritualität, die daher den Leib, mein Eingepflanztsein in die Erde, übergeht, läuft Gefahr, im luftleeren Raum zu schweben. Sie ist dann auch sehr anfällig für Ideologien, Phantastereien, bis hin zum Fanatischen. Eine Spiritualität, die nicht geerdet ist, die glaubt, das Leibliche übergehen zu können, ja es übersteigen zu müssen, erweckt Argwohn. Das gilt vor allem dann, wenn sie den Eindruck erweckt, als sei das Körperliche, das Leibliche nicht gut genug. Sie mag auf der Suche nach dem noch Schöneren, Wunderbareren, Höheren, genau das Schönste, Wunderbarste, Höchste, das Gott geschaffen hat, übersehen. Das aber ist seine Schöpfung und was sie enthält und ausmacht. Das ist das Wunderbare, das Wunder unseres Leibes, des Leibhaften, in dem er sich ein Ebenbild geschaffen hat.

Der spirituelle Mensch muß daher jemand sein, der das Bedürfnis nach physischem Kontakt, nach Berührung des Leibes, versteht und in seine ganze Person integriert hat, da Berührung und Kontakt notwendigerweise der wichtigste Faktor bei der Bestimmung der Struktur unserer Welt sind (vgl. Leech 1977,114). Denn: „Spiritualität und Sexualität sind untrennbar miteinander verbunden. Die sexuell unreife Person kann nicht auf der Suche nach Spiritualität sich der Herausforderung sexueller Integrität entziehen. Wer das tut, dessen Spiritualität wird in der Regel quer liegen."

Was ist nicht alles von diesem selbstverständlichen Geschenk Gottes, der Schöpfung mit ihren Geschöpfen, die allein durch ihren Leib zu Individuen, zu Lebewesen mit Leib und Seele geworden sind, mit all ihren natürlichen Bedürfnissen und Sehnsüchten, in diesem und jenem Namen entwertet, abgeschnitten, zurechtgebogen, unterdrückt worden? Manchmal so sehr, daß diesem so selbstverständlichen und natürlichen Geschenk das Selbstverständliche und Natürliche fast gänzlich genommen wurde. Und das nicht selten im Namen dessen, der die Schöpfung, uns, so gemacht, geschaffen hat. Ist das ein Plädoyer im Sinne von: Zurück zur Natur? Insofern damit, zurück zu der grundsätzlichen Bejahung des Geschöpflichen und dabei auch des Leiblichen, des Körpers des Menschen gemeint ist, – ja. Auch insofern, daß alles, was die Beurteilung, die Wertung, das Umgehen mit dem Leiblichen betrifft, sich in Einklang zu befinden hat mit dem selbstverständlichen natürlichen Geschenk Gottes. Es darf nicht sein, daß dieses Geschenk zu einer Perversion gemacht wird, die einer Ablehnung dieses Geschenkes gleichkommt, indem man an ihm herummanipuliert, herumdeutet und, statt ihm zu Entfaltung zu verhelfen, ihm das Ende beschert wird.

Ein entscheidendes Kriterium ist, ob der Baum zu seiner Zeit Frucht trägt oder seine Blätter welken. Das gilt innerlich und äußerlich. Das gilt für die ganze Person. Gott wohnt nicht nur in der Seele des Menschen. Er wohnt im ganzen Menschen. Ob jemand aus der Beziehung mit Gott lebt, zeigt sich auch in seinem Leib, in seiner Haltung, in seiner Bewegung, in seinen Augen. Es zeigt sich in seiner Ausstrahlung, in der Art und Weise seiner Präsenz. In seiner Haltung gegenüber seinem Körper, der Pflege seines Körpers, seiner Weise der Ernährung, seiner Einstellung und seinem Umgang mit seiner Sexualität.

Ich glaube, daß nicht wenige kranke Vorstellungen von Gott und angeblichen Gottesbegegnungen, sei es in Form von sogenannten Erscheinungen, Bildern oder Schatten, im Grunde genommen mit dem konkreten Menschen nichts zu tun haben. Sie sind darauf zurückzuführen, daß die Träger dieser Vorstellungen nicht in Berührung sind mit ihrem konkreten Leib. Nur so kann ich es verstehen, daß sie so kalte, lieblose, unpersönliche, im luftleeren und gegenstandlosen Raum sich bewegende Ideen von Gott schaffen, die einen gefrieren und innerlich auf Distanz gehen lassen.

Gott wohnt in meinem *soma*, in mir, mit Leib und Seele. Wer sich von dieser Wirklichkeit erst einmal erfassen läßt, wird so manche Aufmerksamkeit, die er weitab von sich auf Gott gelenkt hat, näher zu sich bringen. Er wird im Bewußtsein und in der Erfahrung dieser Wirklichkeit näher bei sich bleiben und dabei gerne bei sich bleiben. Er wird getroffen von dieser Erfahrung spüren, wie sich seine Einstellung zu ihm selbst verändert, er, im Bewußtsein seiner von Gott bewohnten Leiblichkeit eine positive, ehrfurchtsvolle Haltung gegenüber seinem Leib verspürt. Nicht eine, die den Leib beweihräuchert, die ihn mit irgendeiner letztlich unausstehlichen, sterilen Atmosphäre einlullt, und ihn damit zu etwas Unberührbarem und Entsinnlichtem erklärt. Nein, vielmehr ist seine Haltung zu seinem Leib sinnenfroh, lustbetont, weil er das, was ihm sein Leib bedeutet, er über ihn erhält, dankbar annimmt, zu genießen vermag und ihn das aus eigener Erfahrung sprechen und beten läßt: „Wohl dem, der Lust zum Gesetz des Herrn hat. Der ist wie ein Baum, gepflanzt an den Wasserbächen, der seine Frucht bringt zur rechten Zeit und seine Blätter verwelken nicht; und was er macht, das gerät wohl" (Ps 1,3).

> Wenn wir auf Gottes Liebe in der Liebe Jesu treffen, dann treffen wir nicht auf Agape, oder selbstlose Liebe, im Unterschied etwa zum Eros ... Vielmehr geht es hier um eine ausgewählte Form erotischer Attraktion.
>
> *Martin Buber*

3. Gott mit Leib und Seele begegnen

Die Bejahung unseres Leibes, uns davon durchdringen zu lassen, daß unsere Seele nicht nur in unserem Leib wohnt, sondern unser Leib auch Ausdruck unserer Seele ist, sie ohne ihn nicht denkbar wäre, nicht unsere, meine Seele wäre, läßt uns das, was wir sind und erfahren, bewußter wahrnehmen, unsere Konzentration und Aufmerksamkeit darauf hin intensivieren. Es mag es uns schwerer machen, den Blick allzu schnell nach oben zu richten. Es mag uns zugleich aber auch davor bewahren, uns dem Reich der Illusionen zu überlassen.
Solange ich nicht ins andere Extrem falle und nur im Irdischen, im Körperlichen, Leibhaften, verhaftet bleibe, und dabei vergesse, daß zu ihnen unabdingbar die Seele gehört, laufe ich nicht Gefahr, Gott zu übergehen. Im Gegenteil. Indem ich mir immer wieder mein Leib-Sein und mein Einverleibtsein in die Schöpfung vergegenwärtige, und aus diesem Bewußtsein und

dieser Erfahrung heraus in Beziehung zu mir, meinen Mitmenschen und Gott trete, werde ich ständig mit etwas Lebendigem, das atmet, wächst, riecht, sich bewegt, Widerstand leistet, in Berührung kommen und konfrontiert werden. Mit etwas, das ich anlangen, spüren, sehen, riechen, hören kann. Ich pflege etwa nicht nur meine Seele, nehme nicht nur mit meinem Mund und meinem inneren Empfinden Kontakt mit Gott auf. Ich stoße mit meinem ganzen Leib und meiner ganzen Seele auf Gott. Ja, ich pralle auf ihn. Er ist nicht etwas, das sich in mich hereinschleicht, in meine Seele verkriecht, oder jemand, von dem ich annehme, daß er eigentlich in unendlicher Entfernung von mir wohnt. Ich pralle auf ihn, ich stoße auf ihn, wie ich im alltäglichen Leben auf Menschen stoße und pralle, dabei aber auch den ganzen Leib spüre, erlebe, erfahre, was das heißt, mit jemanden in körperlichen Kontakt zu kommen. Ich erfahre Vergnügen und Lust durch den Körper und in der körperlichen Begegnung und Konfrontation. Ich erfahre Gott als lustvoll in der körperlichen, gegenständlichen Begegnung mit ihm. Auch Schmerz erfahre und erlebe ich im Körper. Und auch Gott erlebe ich schmerzvoll, weil auch er in mein Fleisch, in meinen Leib eindringt.

Mit Leib und Seele Gott zu begegnen, heißt auch, zuzugeben und zu akzeptieren, daß meiner Begegnung mit Gott Grenzen gesetzt sind. Wie oft mache ich die Erfahrung, daß mein Verlangen, anderen Menschen wirklich nahe zu sein, mit ihnen in eine bedeutungsvolle Beziehung zu treten, nicht zum Zuge kommt. Der Wunsch prallt ab an meiner und des anderen Unzulänglichkeit. Wären nur die Seelen, sie könnten sich, so scheint es, leicht verbinden, miteinander springen und hüpfen, sich unbeschwert aneinander freuen. Doch – Gott sei Dank – es sind nicht nur die Seelen, die sich kennenlernen, begegnen wollen. Ich bin es mit Leib und Seele. So unbeholfen, umständlich ich mir vorkommen mag.

Das gilt auch in der leiblich-sexuellen Begegnung. Sie kann gerade deshalb eine wunderschöne, auch sinnlich gefühlsmäßig einzigartige Erfahrung werden, weil sie leiblich ist. Sie kann aber auch zu einer Erfahrung werden, und oft ist es so, die nicht einfach glatt, direkt, verläuft, sondern umständlich. Auch bleibt es eine begrenzte Begegnung. So sehr das sexuelle Beisammensein eine nicht zu überbietende körperliche Nähe ermöglicht, in der für Momente aus zwei wirklich Eins, ein Fleisch wird, werde ich sehr schnell wieder mit der Wirklichkeit meiner leibbedingten Begrenzung konfrontiert. Wir einverleiben uns für eine Weile und feiern diese Einswerdung. Doch die Sehnsucht der totalen Durchdringung, Vermischung und Vereinigung prallt ab an den körperlichen Grenzen, sosehr im gefühlsmäßigen Erleben die Erfahrung von Einswerdung vorhanden ist. Es ist aber gerade auch die leibliche Begrenzung, die die Sehnsucht nach Vereinigung erdet, wenigstens zum Teil wirklich macht, erfahren, genießen läßt. Die Lust und Seligkeit spüren, Leib und Seele aufjauchzen und tanzen läßt. Eine dem Leib entflohene Sehnsucht nach Nähe mag ich als sehr intensiv, mich aufwühlend und mich durchflutend erleben, egal ob sie einem Menschen oder Gott gilt. Ich erfahre dieses Verlangen auch im Leib. Wenn dieses Verlangen nach Nähe aber nicht körperlich vollzogen und damit auch nicht der Begrenzung und Begrenztheit unterzogen wird, die Körper nicht aneinander prallen, geht ihr mitunter auch eine Erfahrungsweise ab, die sich dann einstellt, wenn Leibliches auf Leibliches trifft, Leibliches Leibliches berührt, Leibliches ins Leibliche eintritt und eindringt.
So mühselig wie es manchmal ist, wirklich einer anderen Person näher zu kommen oder sie an sich herankommen zu lassen, ich kann es nicht umgehen. Ich kann das Leibliche nicht umgehen, will ich nicht mich und die anderen umgehen.
Genau das aber ist es auch, was nicht wenige – und ich möchte

mich da nicht ausschließen – in der anscheinenden Begegnung mit Gott tun. Er ist und bleibt für sie eine Herzenssache. Mein Innerstes nimmt Kontakt mit ihm auf. Ich gehe auf in ihm. So denke ich. Doch wie kann ich zu Gott gelangen, mit Leib und Seele, ich als Person, ohne meinen Leib, seinen Leib einzubeziehen? Nein, auch in der Begegnung mit Gott wird es mir nicht leichter gemacht wie im alltäglichen Leben, im täglichen Miteinander. Mein Verlangen, mit ihm in eine bedeutungsvolle, intime Beziehung zu treten, prallt immer wieder ab an meinen Grenzen. Es wäre ja zu schön, sozusagen durch den luftleeren Raum direkt zu Gott zu gelangen. Und manche geben sich diesem Trug auch hin, indem sie so tun, als hätten sie diese direkte, durch nichts behinderte und begrenzte Beziehung zu ihm und schweben dann auch im luftleeren Raum, da ihnen die Schwere der Erde, die Realität des Leiblichen, zugleich aber auch dessen Sensibilität abgeht. Dabei geht die Beziehung zu Gott, soll sie wirklich eine Beziehung zwischen mir und Gott sein, durch das Fleisch. Das meint inkarnierte Spiritualität. Meine Beziehung zu Gott geht durch mein Fleisch und sein Fleisch. Seinem Leib aber begegne ich in meinem Leib, dem meiner Mitmenschen und der Schöpfung. Wer daher meint, an seinem eigenen Leib, an dem anderer Menschen, der Schöpfung vorbei in Kontakt mit Gott treten zu können, der sitzt einem Trugschluß auf. Jedenfalls begegnet er nicht mit Leib und Seele: Gott – mit Leib und Seele.

Erst wenn ich dahin geführt werde, erst wenn ich, so schmerzlich das auch sein mag, dahin gefunden habe, mir deutlich wird, was es wirklich heißt, mit Leib und Seele Gott zu begegnen, vergehen mir die frommen Sprüche, die unverbindlichen, alles und nichtssagenden Floskeln über Gott und die Liebe und den Frieden. Ich mache mich dann auf den Weg, den mühevollen, steinigen, auf dem mir Wunden geschlagen werden, weil ich mich stoße, stolpere, mich – leiblich wie ich bin – verletze. Es ist mein Kreuzweg, weil die Erfahrungen auf diesem Weg in mein Fleisch einschneiden. Und ich gelange auf diesem Weg, dem steinigen, zum Ziel meines Verlangens, meiner Begegnung, Vereinigung mit Gott. Und ich erfahre Liebe, Frieden, Seligkeit, die mich durchdringen, die mich nicht abheben lassen, mich in eine noch tiefere und innigere Beziehung zu mir, den Mitmenschen, der Schöpfung, zu Gott bringen.

> Gerade durch das einigende Wirken, das ihn uns enthüllt, „verwandelt sich“ Gott auf irgendeine Weise, indem er uns sich einverleibt.
>
> *Teilhard de Chardin*

4. Wie kann ich Gott körperlich erfahren?

Wie kann ich Gott bewußter körperlich erfahren, mit ihm in Kontakt kommen? Ich spüre, wie es mir möglich ist, innerlich mit Gott in Kontakt zu kommen, mich seiner Wirklichkeit, seines Seins, seiner Anwesenheit zu vergegenwärtigen. Ich tue es mit meinem Willen, meinem inneren Verlangen, mit meinem Verstand und sicher auch in der Offenheit meines Herzens.
Doch ihn spüren, ihn schmecken (PS 34,9), satt werden an seinem Bild, wenn ich erwache (PS 17,15), ihn sehen (PS 34,5), wie geschieht das?

Wie kann ich nur so reflektierend über Dich sprechen, nachsinnen, ob ich Dich spüren, schmecken, sehen, an Dir satt werden kann. Solange ich darüber nachdenke, nur *nachdenke, werde ich im Nachdenken hängenbleiben.*
Ich spüre Dich, wenn ich Dich über meine Haut streichen lasse,

wenn ich innerlich mit Dir verbunden, davon berührt werde und mein Leib und meine Seele zu singen und zu schwingen beginnen, Wärme in mir aufsteigt, in meinem Im-Leib-Sein, Deine Gegenwart in mir gewärtig wird. Mein Verlangen nach Dir wird gestillt, wenn ich dieses Verlangen zulasse und in der Kontaktaufnahme mit Dir satt werde.

Ich liege am Meer,
lasse mich von der Sonne küssen.
Ich sehe auf die See,
höre, wie die leichten Wellen an den Strand branden,
Ich nehme ein Bad im Meer.
Ich spüre das kalte Wasser,
und dann genieße ich es,
den blauen Himmel über mir,
umgeben vom Wasser,
angestrahlt von der Sonne,
den salzigen Geschmack des Meerwassers,
auf den Lippen und im Mund schmeckend,
mich auf und in dem Wasser zu bewegen.

Hat diese Erfahrung etwas damit zu tun, Gott leibhaft zu erfahren? Eine Seite in mir winkt ab. Heißt das nicht, Gott zu banalisieren, ihn zu materialisieren, ihn gar zu entwerten? So langsam dämmert es mir: Was mache ich denn da? Natürlich sind das leibhafte Erfahrungen mit Gott, wenn ich die Sonne, das Meer, die Brandung nicht entseele. Natürlich kommt Gott im Strahlen der Sonne, in der Brandung, in der Bewegung und Berührung mit dem Meer zum Ausdruck. Es ist ER, der mich durch die Sonne küßt; es ist ER, mit dem ich mich im Eintauchen in das Wasser vermische. In all dem komme ich mit seiner Schöpfung, in der er sich zum Ausdruck bringt, in Berührung, erlebe ich Ihn leibhaftig. ER ist es, dem ich in der Begegnung mit der Schöpfung und seinen Geschöpfen begegne, und ich selbst bin Ausdruck seiner Schöpfung, seiner selbst. Durch mich begegnen andere ihm.

In diesem Moment, während ich das schreibe, bin ich innerlich und von da aus auch leibhaftig eigenartig berührt, erfüllt mich eine Leichtigkeit und auch so etwas wie Feierlichkeit. Durch mich kommt Gott leibhaftig zum Ausdruck. Kann das sein? Ist das möglich? Und je länger ich diese Vorstellung in mir zulasse, um so gelassener werde ich. Auch wundere ich mich, daß dieser Gedanke mir nicht früher kam, ich so sehr darauf konzentriert war, zu erfahren, dem näher zu kommen, worin ich Gott im anderen leibhaftig erfahren kann. Mir wird klar, daß ich Dich, meinen Gott, leibhaftig erfahren kann, wenn ich mich leibhaftig erfahre, wenn ich mich als leibhaftig erfahre, als jemanden, der einen Leib und eine Seele hat. Ich erfahre Dich, meinen Gott, leibhaftig, wo ich radikal ja sage zu meinem Leib, ihn mir nicht wegnehmen, wegrationalisieren, wegspiritualisieren lasse; wo ich meinem Leib gegenüber eine positive Haltung, Respekt empfinde und erlebe; wo ich ihm Zärtlichkeit, Aufmerksamkeit, Sorge schenke.

Ich erfahre Gott leibhaftig oder besser, ich kann ihn erst dann leibhaftig erfahren, wenn ich mich selbst leibhaftig erfahren habe, ich meines Leibes leibhaftig geworden bin, mein Leib mir wirklich leibhaft geworden ist.

Die Sonne geht auf.
Ich sitze im Garten unserer Ferienwohnung an der Ostsee.
Auch wenn mir die aufgehende Sonne ins Gesicht scheint,
ist es noch kalt.
Dafür sorgt eine frische Brise.
Ein riesiger Baum in meiner unmittelbaren Nähe rauscht.

Vereinzelt fährt ein Auto vorbei.
Gleich werden auch die Kinder wach sein,
und zunächst alle Aufmerksamkeit beanspruchen.
Ich spüre die Kälte,
und die Wärme an den Teilen meines Körpers, die ich mit einer Decke abgedeckt habe.
Ich warte darauf,
ob mir in dieser Situation
etwas einfällt, etwas deutlicher wird,
was es heißt,
Dich, meinen Gott,
mit Leib und Seele zu erfahren.
Es gelingt mir nicht.
Da ist so vieles sperrig.
Ich erlebe mich sperrig.
Ich glaube, es wäre jetzt einfacher,
einfach meinen Leib zu übergehen
und mich hineinzuversenken in Dich,
einem Psalm folgend innerlich in die Beziehung zu Dir zu treten.
Doch ich will die Sperre aushalten,
will Dich, da wo ich Dich als sperrig erlebe, aushalten,
da, wo ich Dich nicht sogleich spüre.
Ich will es aushalten, daß da nicht ein außergewöhnliches Gefühl in mir aufsteigt,
sondern ich vornehmlich die Kälte und ein bißchen Wärme spüre.
Jetzt fühle ich mich wacher, innerlich wach.
Ich bin mir meines Körpers bewußt.
Ich bin mit ihm in Kontakt,
nehme wahr, daß ich mit dem Fuß den Boden berühre,
mit meinem ganzen Körper auf die Sonne ausgerichtet bin.
Ich warte,

schaue abwechselnd auf den Himmel und auf die Erde,
verfolge mit meinen Augen eine Möwe,
schaue weiter in mich.
Und ganz leise und langsam
registriere ich wie eine Ahnung,
daß ich gar nicht warten muß,
daß sich irgend etwas Besonderes einstellen muß.
Da ist so ein Gefühl von Einheit,
Einheit mit der mich umgebenden Natur,
nicht in einem erhebenden Sinne,
so ganz selbstverständlich.
Ich spüre nach wie vor den kalten Wind.
Ich wollte ihn gerne ausschalten.
Aber er ist da.
Und er gehört dazu.
Er verhindert im Moment,
daß diese Einheit zur stillen Idylle wird.
Er bringt Leben herein – und Kälte.
Das ist genau das, was es auszuhalten gilt.
Will ich Gott, dem ganzen Gott,
Dir, dem ganzen Gott,
Dir, meinem Gott,
mit Leib und Seele begegnen,
dem ganzen Leben mit all seiner Lebendigkeit
und seiner Kälte.

Wer den Ruf Jesu hört, braucht nicht die Liebe aus seinem Herzen zu werfen. Er muß vielmehr von Grund auf menschlich bleiben. Er braucht das Ewig-Weibliche, um seine Kräfte empfänglich zu machen und seine Seele für die Leidenschaft zum Göttlichen zu wecken.

nach Teilhard de Chardin

5. Sexuelle Spiritualität

Es sind wir, unsere Körper, durch die Gott auf sich und sein eigenes Haus zurückstrahlt, sagt Thomas Merton. Mit unserem Körper hat Gott seinen von ihm bevorzugten Platz, sein Zuhause, geschaffen. Er kommt auch durch unseren Körper zum Ausdruck. Ja, er erkennt sich wieder in unserem Körper. Wer wir sind, was wir denken, was wir fühlen, was wir spirituell erleben und in uns erfahren, es ist unzertrennlich mit unserem Körper verwoben. Nur solange es damit verwoben ist, ist es menschlich und göttlich zugleich, ist es etwas, das mit uns, das mit Gott zu tun hat.

Was immer wir spirituell in uns empfinden, was immer an Spirituellem in uns vorgeht, hinterläßt Spuren in unserem Körper, hat Auswirkungen auf unseren Körper. Damit wird unser Körper auch zum Vermittler unserer Spiritualität. Was unser Körper sagt, ist nicht weniger wichtig als das, was unser Mund ausspricht. Was unser Körper ausstrahlt oder aber eben nicht ausstrahlt, ist nicht weniger wichtig als das, was wir mit gewählten Worten, mit lauter oder anscheinend begeisteter Stimme vortragen.

Zu Gott mit Leib und Seele beten heißt dann auch, daß Leib und Seele sich aufrichten auf Gott. Daß alles in mir sich hinstreckt auf Gott. Daß ich in Berührung mit meinem Leib und meiner Seele vor Gott trete, mich zeige, und alles in und an mir, was danach verlangt, sich auf ihn ausrichten darf. Ich trete hin vor Gott, aufrecht, nackt wie ich bin, in Berührung mit dem Boden, in Kontakt mit meiner Umwelt und zunehmend in Berührung kommend mit Dir, meinem Gott. Einverleibt in den Schoß der Erde, Teil des Universums, Deiner Schöpfung, werde ich zunehmend meiner Einverleibung mit Dir gewärtig, wird Dein Wort, Dein „Ich bin, der ich bin", ich bin bei Dir, Fleisch. Werden wir zu einem Fleisch oder besser, werde ich wieder dessen gewahr, was immer schon ist, daß wir im Leib und in der Seele untrennbar miteinander verbunden sind.

Wie beim sexuellen Zusammensein, wenn aus zwei ein Fleisch wird, das unfaßbare dieses Momentes sich in der Explosion des Orgasmus, in dem Freudenfest voller Vergnügen, im Tanz der Ekstase, Ausdruck verleiht, so kann der Moment des neuerfahrenen Vereintseins, des seelischen und körperlichen Einsseins mit Gott zum Augenblick höchster Freude, zur Feier der Erinnerung und Vergegenwärtigung Gott-Mensch-licher Inkarnation werden.

Damit wir ein Leib und ein Geist werden in Christus, heißt es im Hochgebet der Kirche. Nicht nur ein Geist, nicht nur eine Seele. Ein Leib und ein Geist. Um mit Gott wirklich eins zu werden, genügt es nicht, sich innerlich, geistlich und in diesem geistlichen Sinne spirituell zu vereinigen. Um mit Gott eins zu werden, bedarf es der totalen, ganzen, ganzheitlichen Vereinigung. Um mit Ihm ein Leib und ein Geist zu werden, genügen gedankliche Anstrengungen, aber auch Gebete des Herzens zu Ihm hin gesprochen, nicht. Ein Leib und ein Geist mit Gott kann ich werden oder besser, ich kann erfahren, daß ich mit Gott mit Leib und Seele verbunden bin, wenn ich mich innerlich auf Gott ausrichte, seine Anwesenheit mir vergegenwärtige und meine Begegnung mit seinen Geschöpfen und seiner Schöpfung als Möglichkeiten des Ausdruckes und von Momenten meines Einsseins, meines Einswerdens mit Ihm sehe und erachte. Meine Vereinigung mit Ihm kann nur über Leibliches, etwas, das meinen fünf Sinnen zugänglich ist, geschehen. Nicht umsonst spricht Bonaventura davon, daß Gott in uns über unsere fünf Sinne einkehrt. Wie ich einen Menschen nicht nur innerlich, mit meinen Gedanken erkennen kann, ihn nicht nur mit meinen Gefühlen, Empfindungen für ihn, meinen Sehnsüchten erfahren, seiner gewahr werden, ihm wirklich begegnen kann, so kann ich auch Gott nicht nur innerlich begegnen. Es ist die körperliche Begegnung, zunächst das Sich-als-Leibperson-Gegenübertreten, Sich-Anschauen, Auf-sich-wirken-Lassen, dann das Sich-Berühren, Sich-Spüren, bis hin zum körperlichen Eins-Werden, die mich die andere wirklich erkennen, begegnen läßt. Ähnliches, wenn auch mit anderen Voraussetzungen und mit Einschränkungen, kann auch von der Begegnung mit der Natur, dem Wasser, den Pflanzen, den Steinen gesagt werden. Entscheidend für die Begegnung mit der anderen ist, daß ich immer, will ich die andere wirklich erkennen, sie mit Leib und Seele erkennen muß. Zu ihr gehört immer auch der Leib, sosehr unsere Beziehung z. B. eine Seelenfreundschaft sein mag.

Meine körperliche, leibliche Vereinigung mit Gott ereignet sich im Geschöpflichen. Um mit Ihm ein Leib und ein Geist werden bzw. sein zu können, darf ich mich einlassen in das, was er mir angeboten und geschenkt hat, um mich mit Ihm leiblich vereinigen zu können. Das aber ist seine Schöpfung und sind seine Geschöpfe. Und das ist nicht nur ein Ersatz. Das ist etwas von ihm selbst, das ist auch Ausdruck seiner selbst.

Wo ich bereit bin, alle mir zur Verfügung stehenden Möglichkeiten der Wahrnehmung zuzulassen, werde ich Gott ganzheitlich erleben, erfahren und begreifen können. Mit dem Kopf, dem Herzen, dem Leib, der Seele. Ich muß dann mein

Nachdenken über Gott nicht aufgeben. Es darf nur nicht mein herzhaftes Bedenken, mein herzhaftes Offensein gegenüber und für Gott verdrängen. Ich bleibe dabei in Berührung mit meinem Leib, in Berührung mit der Erde, auf der ich stehe, einbezogen in die Schöpfung, zu der ich gehöre, ausgerichtet auf Gott, zu dem es mich drängt. Wo sich nichts in mir versperrt, um Gott bei mir einzulassen, ihn in mein Leben eintreten zu lassen, da kann ER bei mir eintreten, in mir ganzheitlich wahrgenommen werden.
Er tritt dann auch ein in mein Leben im sexuellen Zusammensein. Je mehr ich mich in diesem Augenblick geöffnet habe, je mehr ich das, was in mir an leiblicher, psychischer, seelischer Offenheit für die andere da ist, auch für Gott zulasse, desto intensiver, leiblich und seelisch intensiver, werde ich dabei auch Gott erahnen, erspüren, erschmecken, erleben. „Gerade im sexuellen Zusammensein können zwei Menschen Gott lieben, danken und anbeten. Das Verlangen nach Vereinigung, zur Fülle gebracht in der sexuellen Liebe, kann Teil der Überschreitung des Ich sein, das wir erfahren in unserem Bemühen, Gott spirituell zu lieben. Die Spiritualität muß sexuell sein, will sie *menschliche* Spiritualität sein. Wir lieben Gott entweder als mit Sexualität ausgestattete und leibhafte Wesen oder nicht“ (Donnelly 1984,34).
Aus einer solchen Sicht entgeht Männern und Frauen, die auf die sexuelle Begegnung verzichten, eine Erfahrung, die in einer sehr tiefen und letztlich kaum zu überbietenden Weise Ausdruck des leiblichen Einswerdens mit Gott sein kann. Der Verzicht auf diese Erfahrung kann sich als echtes Manko einer ganzheitlichen Beziehung zu Gott erweisen. Wenn der Verzicht darauf, dieses – auch sexuelle – Verlangen nach der oder dem anderen dazu führen würde, der geschöpflichen Verbundenheit zu entraten und aus dem Rhythmus der Schöpfung herauszufallen, nicht mehr länger mit ihr zu atmen, wäre das

kein Fortschritt, ja letztlich nicht verantwortlich. Das würde den Betreffenden aus der ihm bzw. ihr vom Schöpfer zugedachten Verbundenheit mit der Schöpfung lösen. Nicht, daß das so sein muß. Die Gefahr besteht. Und sie ist groß. Es verlangt, ja es setzt voraus, *den* Zugang zur geschöpflichen Verbundenheit zu finden, der in voller Bejahung der Sexualität im Einswerden mit der Schöpfung und dem Schöpfer auch die Einswerdung mit den Menschen vollzieht. Mein Geöffnetsein für den Menschen, meine Bereitschaft und mein Verlangen, in ihn einzudringen, Teil von ihm zu werden, mit ihm zu verschmelzen, wird nicht gebremst, da ich es ja nicht konkret vollziehen darf, sondern zugelassen und hingeführt, weitergeführt, bis es sich im Eindringen in die Schöpfung, in der Vereinigung mit Gott tatsächlich vollzieht. Das ist nicht jedes Mannes und jeder Frau Sache. Das kann auch nicht jeder. Da fehlt auch der konkrete, leibhafte Mensch als Gegenüber. Und doch ist es möglich, wenn Gott für mich ein wirkliches Gegenüber ist, mein Verlangen nicht im luftleeren Raum abstirbt, sondern wie beim konkreten Menschen, auf jemanden stößt, bei jemandem ankommt – und erwidert wird.
Wer bereit und offen dazu ist, sich seine geschöpfliche Verbundenheit zu vergegenwärtigen, ja in sie einzutauchen, sich als Teil der Schöpfung zu verstehen und zu leben, mit ihr zu atmen, in ihren Pulsschlag einzustimmen, der kann gar nicht anders als ja zu sagen zu seiner Sexualität. Ist es doch seine Sexualität in besonderer Weise, die ihn in Berührung bringt mit dieser geschöpflichen Verbundenheit, weit mehr als sein Verstand, der sich recht schnell, wenn er will, von der geschöpflichen Verbundenheit entbinden, abheben kann. Zumindest glaubt er das. Die Sexualität drängt es aber zu dieser geschöpflichen Verbundenheit. Sie lebt auf im Einschwingen in den Rhythmus der Schöpfung. Sie fühlt sich erst richtig verstanden, tritt hervor, wenn sie als Teil der Schöpfung, als ihre Aus-

geburt gesehen und gelebt wird. In ihr, durch sie bringt sich auch die Schöpfung selbst in besonderer Weise zum Ausdruck – am gewaltigsten in der durch sie ermöglichten Menschwerdung.

Wenn Menschen sich gegenseitig anziehen, den Mann es nach der Frau verlangt, sexuell leidenschaftlich, dann ist das Ausdruck dieser geschöpflichen Verbundenheit. Etwas Selbstverständliches und zugleich Wunderschönes. Das gilt auch für den Mann und die Frau, die sich entschieden haben, zölibatär zu leben. Es ist selbstverständlich und wunderschön, daß auch sie in sich das Verlangen nach der, dem anderen verspüren. Es sagt, ja ich bin mir meiner geschöpflichen Verbundenheit bewußt, ich lebe in dieser Verbundenheit, ich lebe aus dieser Verbundenheit.

Das Zulassen der Sexualität einerseits und der Verzicht auf die genital gelebte Sexualität andererseits können auch die Sehnsucht nach ganzheitlichen Vereinigung mit Gott steigern und, wenn andere Formen der leiblichen Begegnung mit Gott genutzt werden, Zeichen – auch für andere – dafür werden und Hinweis darauf, wie sehr wir bereits mit Leib und Seele mit Gott verbunden sind und Momente der Vereinigung mit der Schöpfung und den Geschöpfen Ausdruck, Erinnerung, Feier der eigentlich immer schon vollzogenen Vereinigung sind, und es dem letzten Tage vorbehalten ist, daß diese immer wieder einmal ins Bewußtsein tretende Vereinigung ins volle Bewußtsein tritt.

Der zölibatär Lebende, der auf die sexuelle Begegnung verzichtet, kann, wenn er seine Sexualität besonders spürt, diese vertiefte Erfahrung seiner Menschlichkeit dankbar annehmen und bejahen und dabei mit ihrer auch spirituellen Dimension in Berührung kommen. Sie mag ihn mit etwas in Berührung bringen, das aus seinem Innersten kommt, ihn mit sich selbst noch mehr in Kontakt bringt, zugleich aber auch ihn näher an die

Quelle führt, die dem Verlangen nach Gott und der Vereinigung mit ihm entspringt.
Die Offenheit des zölibatär Lebenden für die sexuelle Dimension trägt dazu bei, daß die Spiritualität nicht einfach abhebt, so als könne sie ohne Verbundenheit mit dem Leib gesund und echt sein. Sie sorgt dafür, daß die sexuelle Dimension nicht zu kurz kommt. Durch sie wird er darauf aufmerksam gemacht, daß die Beziehung zu Gott Leib und Seele einbezieht und in einer Begegnung mit ihm Leib und Seele zum Klingen und Spüren gebracht werden sollen. In diese Begegnung darf der ganze Mensch, mit all seinem Verlangen und Sehnen, einschließlich des sexuellen, hineingehen. Ist es doch das Zulassen dessen, was in mir schreit – und dazu gehört auch mein sexuelles Verlangen –, was mir den Weg zu Gott freimacht, da es mich öffnet und so erst meine Ganzhingabe an Gott ermöglicht. Der hl. Benedikt lädt zum ehelosen Leben im Kloster mit der Frage ein: „Wer hat Lust zum Leben?" Die „sauren ‚alten Jungfern' und sauren, gefühlskalten ‚alten Junggesellen' haben", so Bernhard Häring (1989,208), „mit dem echten Zölibat sicher nichts zu tun". Vielmehr wird, so Cassian (vgl. Grün 1989,29), erst der vitale, auch in seiner Sexualität sich spürende Mönch zu einem glühenden Gottesverehrer. Der junge Mann, so Cassian, der ohne Vitalität und Sexualität ist, wird auch in seiner Frömmigkeit kraftlos und leer bleiben und niemand für den lebendigen Christus begeistern können.

Durch seine Menschwerdung hat Gott sich irgendwie zum *Element* unserer Welt *gemacht* ... Das *Feuer des Himmels,* das uns verzehrt, erreicht uns, indem es die Welt entzündet (nachdem es sie in Brand gesetzt hat): so sehr, daß es teilweise Feuer der Erde ist und daß die Welt, *die zu Feuer geworden ist,* jetzt das Feuer in sich schließt als etwas analog, aber wirklich ‚Konstituierendes'.

Teilhard de Chardin

6. „Und das Wort ist Fleisch geworden"

Evelyn und James Whitehead (1990, 14 f.) meinen: „Gott wird Fleisch, wurde leibhaftig als eine sexuelle Person wie wir. Durch dieses Ereignis werden unsere Körper gesegnet und erneut gestärkt in ihrer Heiligkeit." Diese Fleischwerdung von Gottes Sohn, so fahren sie fort, wurde in den frühen christlichen Jahrhunderten so interpretiert, als sei das ohne Sexualität geschehen, so daß die frühe Kirche es zur Glaubenswahrheit machte, daß Gott ohne einen genital sexuellen Akt menschlich wurde. Grund dafür sei ein zunehmender Argwohn gegenüber der Sexualität gewesen, der auf den Einfluß der griechischen Welt zurückzuführen sei.

Kann es aber nicht auch sein, daß, gerade weil die Fleischwerdung Gottes in der Bibel als etwas dargestellt und gesehen wird, das den selbstverständlichen sexuellen Werdegang übersteigt, der Sexualität eine noch tiefere Bedeutung zugesprochen, sie noch mehr geheiligt, sie noch mehr in den Dienst der mit der Menschwerdung Gottes vollzogenen Weiterentwicklung der Schöpfung gestellt wird? Mensch und Gott haben sich ja miteinander verbunden – das soll gesagt werden –, damit

Gottes Sohn Mensch werden kann, die Schöpfung über den Menschen und schließlich Christus noch mehr in den Sog hin zu Gott hineingebracht wird. Wie kann ich aber eine Sexualität, die zwischen Gott und Mensch sich ereignet, menschlich ausdrücken, ohne das, was hier geschieht, zu banalisieren, ohne in Mythologien zurückzufallen oder die menschliche Sexualität zu erniedrigen? Wird nicht gerade in einer solchen Darstellung in nicht zu überbietender Dichte die Leibwerdung Gottes dargestellt? Ist das nicht der Augenblick, wo vollzogen und leibhaft erfahren wird, wonach wir verlangen in unserer Sehnsucht nach der Vereinigung mit Gott? Es bleibt das Undurchschaubare. Und soll es auch bleiben. Es bleibt das Geheimnisvolle, denn genau das eignet diesem Geschehen. Es bleibt das dem Menschen Verhüllte. Und es soll auch nicht wie so vieles – gerade in der Sexualität – enthüllt, entblößt und banalisiert werden.

Hier gilt, was Martin Buber (1923,5 f.) sagt: „Ich bin die dunkle Seite des Mondes; ihr wisset um mein Dasein, aber was ihr für die helle festsetzt, gilt für mich nicht. Ich bin der Rest der Gleichung, der nicht aufgeht; Ihr möget mich mit einem Zeichen belegen, aber auflösen könnt ihr mich nicht. You would pluck out the heart of my mystery?“

Wer daher meint, er täte der menschlichen Sexualität einen Dienst, wenn er nüchtern feststellt, Jesus sei selbstverständlich wie jeder andere durch das sexuelle Zusammensein zweier Menschen zum Mensch geworden, der mag das gut meinen und damit auch auf Verzerrungen reagieren, die im sexuellen Zusammensein etwas „Befleckendes“ sehen, er mag aber auch mit dazu beitragen, daß der menschlichen Sexualität ihre durch Gottes Menschwerdung zugewonnene Tiefe und Sakramentalität abgestreift und für das eigene Leben und den weiteren Entwicklungsprozeß der Schöpfung nicht fruchtbar gemacht wird.

Die normale sexuelle Begegnung – sie müßte sich nicht hinten anstellen als Durchgangstor der Menschwerdung Gottes. Sie ist wunderbar, schön, Leib und Seele berührend und zum Ausdruck bringend. Zugleich ist sie aber auch etwas Selbstverständliches, Natürliches, Normales. Mitunter auch etwas, von dem man nicht sonderlich Aufsehen machen soll. So wunderbar sie ist, so sehr gerade auch durch sie die Menschwerdung Gottes als eine wirkliche Mensch-Werdung ausgewiesen werden kann, sie allein vermag nicht für das zu stehen, was in der Menschwerdung Gottes an Neuem angebrochen ist. Sie vermag nicht für das zu stehen, was im Augenblick der Mensch-Werdung Gottes selbst an Neuem und Einzigartigem geschehen ist, und sie vermag es nicht darzustellen, was von diesem Moment an für die Menschheit, die Schöpfung, an Neuem und Einzigartigem sich ereignet hat. Gottes Schöpfungswerk ist damit „abgerundet" worden. Der Ursprung, der sich in der Schöpfung zum Ausdruck gebracht hat, hat sein Geschöpf, den Menschen, zu der Form erwählt, durch die und in der er selbst sich als Teil der Schöpfung und Schöpfer zugleich zur Entfaltung bringt. Von diesem Moment an steht alles unter dem Eindruck des Neu-Angebrochenen. Es gibt kein zurück mehr hinter diesen erfolgten Schöpfungsprozeß.

Und wie um die aus dem Leib der Schöpfung entstandene menschliche Leiblichkeit in ihrem Hinbewegen auf Gott zu verstärken, wie um dem aus dem Schoß der Schöpfung entstandenen Menschen auf dem Weg hin zu seinem Ursprung den Weg zu bereiten und ihn dabei zu begleiten, hat Gott selbst menschlich-leibliche Gestalt angenommen und damit auch den bereits im Menschen deutlich gewordenen Entwicklungsprozeß seiner Schöpfung noch weiter vorangetrieben. Indem Gott aus den vielen Ausprägungen seiner Schöpfung den Menschen wählte, um in seinem leiblich-seelischen Gewande sich zum Ausdruck zu bringen, besser sich akzentuiert, auf eine Person zusammengedrückt zum Ausdruck zu bringen, hat er die eigentlich selbstverständliche Heiligkeit des Leibes, die sich aus seiner Herkunft aus der Schöpfung ergibt, bestärkt. Er hat Fleisch angenommen, sich nicht damit begnügt, als körperloser Geist in Erscheinung zu treten, weil auch ER im Fleisch, mit Leib und Seele erst Mensch, wahrer Mensch und wahrer Gott ist.

„Und das Wort ist Fleisch geworden." Gott ist leibhaft in die Welt eingetreten. Das Nur-Erdachte, Nur-Gesprochene ist Fleisch geworden, gegenständlich, etwas zum Anfassen und Anschauen. Das ist das Einzigartige und Überwältigende in der Beziehung Mensch-Gott. Es ist aber genau das, was dieses Verhältnis zu einem natürlichen, organischen, selbstverständlichen macht, da es letztlich schützt vor Verzerrungen, die es entleiblichen oder entseelen, die daran herumbasteln, indem sie es entweder zu sehr erhöhen oder zu sehr erniedrigen. Das Wort ist Fleisch geworden. Gott selbst hat Gestalt angenommen, hat sich verleiblicht.

Es dürstet meine Seele nach dir;
mein Fleisch verlangt nach dir.

Ps 63,2

7. Mein Fleisch verlangt nach dir

Was das Allerinnerste in mir verspürt, Durst nach Dir, vermag ich nur mit Worten zu beschreiben, die aus dem Reich meiner Sinne stammen. Denn auch meinen Durst nach Dir, meinem Gott, erlebe ich sinnlich. Mein Verlangen nach Dir ist etwas, das zutiefst mit mir, meinem Leib und meiner Seele zu tun hat, da heraus von mir so empfunden wird. Wonach mich dürstet ist

allerdings nicht durch ein Getränk zu stillen. Es bist Du selbst, wonach mich dürstet. So wie ich mich nach einem geliebten Menschen sehne. Ja, es ist vergleichbar meinem Verlangen nach meiner Frau, meinen Kindern. Sie würden diesen Durst nicht stillen können. Doch ich erlebe, empfinde ihn wie meinen Durst nach ihrer Nähe.
Mein Fleisch verlangt nach Dir. Dieses Allerinnerste in mir, meine Seele, ist nicht losgelöst von meinem Leib. Als meine Seele bin ich es mit Leib und Seele. Was mich zu Dir hintreibt, ist daher auch nicht nur ein von meinem Körper losgelöst zu denkendes Verlangen.

Es ist ein zutiefst auch meinem Leib entstammendes und mit ihm verbundenes Begehren, ein zutiefst in mir sich bahnbrechendes, leibhaft-sinnliches Verlangen, auch hier vergleichbar dem Begehren z. B. nach einem geliebten Menschen. Auch dieses Begehren kann, so sehr es dem Begehren nach dem geliebten Partner gleicht, nicht von ihm gestillt werden. Dieses Verlangen wird nur zu Gott hin gestillt, der meine Hoffnung ist.
„Es dürstet meine Seele nach dir, mein Fleisch verlangt nach dir", das will heißen, die Beziehung zu Gott ist auch etwas Sinnliches, etwas, das mit Leidenschaft und Wonne zu tun hat, etwas, das ich leibhaftig, und das heißt, mit Leib und Seele, erleben kann. Es geht dabei nicht nur um die Leidenschaft und die Wonne. Es geht darum, daß ich auch, wie hoffentlich in meinen menschlichen Beziehungen, in der Beziehung zu Gott Leidenschaft und Wonne erfahre.
In der jüdischen Mystik findet sich folgender Ausspruch: „Wenn ein Mensch die ganze Lehre und alle Gebote erfüllt hat, aber die Wonne und das Brennen hat er nicht gehabt, wenn er stirbt und hinübergeht, öffnet man ihm das Paradies, aber weil er in der Welt die Wonne nicht gefühlt hat, fühlt er auch die Wonne des Paradieses nicht" (Buber 1923,186).

Ein Paradies aber ohne Wonne und Leidenschaft stelle ich mir langweilig und wenig einladend vor. Deshalb ziehe ich es vor, jetzt schon den Durst meiner Seele und dem Verlangen meines Fleisches nach Gott voll Leidenschaft freien Lauf zu lassen und mit Wonne zu genießen.

Lust zum Gesetz des Herrn hat, ja kann nur haben, wer sich als Teil Deiner Ordnung, Deiner Schöpfung und der sie bestimmenden Gesetze versteht. Dafür muß ich gar nicht weit von mir entfernt mich erkundigen, gar in Büchern kundig machen, was Dein Gesetz, Deine Ordnung, Deine Schöpfung ist. Ich kann zunächst einfach bei mir bleiben. Ich bin mit Leib und Seele Teil Deiner Ordnung, der von Dir geschaffenen Natur. Ich bin fest gegründet, eingepflanzt und verwurzelt in dieser Natur. Ich bin ihr nicht gegenübergestellt, bin ich sie doch auch selbst. Kommt sie doch auch durch mich zum Ausdruck.

Ich bin der Schöpfung einverleibt. Es ist vornehmlich mein Leib, der mich mit Dir in Berührung und Kontakt bringt. Es ist natürlich mein Leib mit meiner Seele, oder besser, ich – mit Leib und Seele. Und nur zusammen machen sie mich aus, bin ich der Schöpfung einverleibt. Lust an Deinem Gesetz stellt sich ein, wirkliche Lust, die ich auch spüre und erfahre, wenn ich einschwinge in den Rhythmus der Natur und der Schöpfung; wenn ich mit dem Boden unter mir verbunden bin, ihn spüre und dabei zugleich meines Eingebundenseins in den Schoß der Erde gewahr bin; ich fest auf dem Boden der Erde stehe, von der ich kam und zu der ich zurückkehre und einschwinge in den Atem der Schöpfung. Mein Atmen ist dann Ausdruck meines Einverleibtseins in die Schöpfung und das Universum. Mit jedem Einatmen vergegenwärtige ich meine tiefe Verbundenheit mit der Schöpfung, sage ich ja zum Leben, bejahe ich mein Leben. Ich sage zugleich ja zu meinem Leib und allem, was er mir schenkt. Ich sage ja zu der Freude, der Lust, dem Vergnügen, das es mir bereitet.

Ich stehe da vor Dir, mein Gott
geerdet
mit beiden Füßen auf dem Boden
der Wirklichkeit
deiner Erde
aufrecht
im Bewußsein meiner Leiblichkeit
ich atme
ein
das Leben
die Energie
die ruach
deinen Geist
ich strecke
meine Arme
hoch auf zu DIR
genieße meine Körperlichkeit
meine zu DIR ausgerichtete und
aufgerichtete Haltung
erfüllt von Dankbarkeit,
daß DU mich so wunderbar gemacht hast
ich spüre meine Verbundenheit mit der Erde
mein Einverleibtsein in die Schöpfung
mein Einssein mit DIR

Die Mystiker erlebten auch ihre männliche und weibliche Sexualität, als sie Gott in kontemplativer Vereinigung begegneten. Der Körper ist unsere Weise, wie ihre, in diese Welt zu kommen als Ort des Stelldicheins, um sowohl mit Gott als auch mit dem menschlichen Liebhaber in eine Liebesbeziehung einzutreten. Gott erfreut sich in unserem Körper; wir sind Gottes Vergnügungstempel.

Dody Donnelly

8. Die Versöhnung von Sexualität und Spiritualität

„Wenn wir unseren Partner im sexuellen Zusammensein aus ganzem Herzen lieben, dann ist dieses Zusammensein sexueller und spiritueller Natur. Wenn wir Gott mit der Liebe unseres Körpers umarmen, dann ist dieser Kontakt sexuell und spirituell" (Lowen 1990,101). Mit diesen Aussagen Alexander Lowens wird der ‚sakramentale' Charakter der Sexualität und des sexuellen Zusammenseins hervorgehoben. Es wird zugleich die tiefe Erdverbundenheit des Sakramentes, des Sakramentalen, des Heiligen betont. Ganz abgesehen davon wird damit die menschliche Sexualität in ein Licht gerückt, das sie in ihrer ganzen Tiefe, Erhabenheit, Natürlichkeit, Menschlichkeit und Heiligkeit aufleuchten läßt.

Die sexuelle Vereinigung zweier Menschen kann zur spirituellen Erfahrung werden. Zum Augenblick, in dem die Grenzen des jeweiligen Selbst gesprengt werden und für Momente die Erfahrung des Überschreitens des Selbst gemacht werden kann. „Wenn diese Vereinigung geschieht, überschreiten Liebhhaber die Grenzen des Selbst um eins zu werden mit den über sich hinausschreitenden Kräften des Universums" (Lo-

wen 1990,87). Der Tanz des Lebens beginnt. „Liebe", so fährt Alexander Lowen fort, „ist der Schlüssel einer solchen Vereinigung ... Liebe ist ein Zustand vergnügungsvoller Erregung, deren Intensität sich nach der jeweiligen Situation richtet. Dieselbe Art von Erregung geschieht in der mystischen Vereinigung einer Person mit ihrem Gott", wenngleich auch die Erregung, die zwei Sich-Liebende empfinden, wenn sie sich nahe sind, eine extra Dimension kennt, die nach unten durch den Körper fließt und die Genitalien in eine starke Erregung bringt.
Alexander Lowen macht damit einen Unterschied zwischen mystischer Erfahrung in der Begegnung mit Gott und dem sexuellen Zusammensein zweier sich liebender Menschen, allerdings ohne damit die sexuelle Komponente in der Beziehung zu Gott zu unterschlagen. Einen weiteren Unterschied sieht er darin, daß, obwohl bei beiden Erfahrungen ein Gefühl der Kommunion mit über die eigene Person hinausschreitenden Kräften des Universums stattfindet, die mystische Erfahrung zurückhaltender Art und ruhig ist, während die orgasmische Erfahrung in der Art eines Vulkans erlebt wird (88). „Bei der mystischen Erfahrung verschwindet sein Selbst; beim Orgasmus wird das Selbst in einer Flut von Energie und Gefühlen verschlungen" (89).
Nach Abraham Maslow (1979,187) kann das Erlebnis des Orgasmus im sexuellen Zusammensein zur mystischen Erfahrung werden. „Wenn Liebe das Verlangen nach vollkommener und totaler Vereinigung ist, dann wird der Orgasmus ... zum Kennzeichen dafür." Das Ausmaß an Intensität ist, so fährt Abraham Maslow fort, in der Tat so groß, daß es gerechtfertigt ist, hier von einer mystischen Erfahrung zu sprechen.
Tatsächlich ist es so, daß eine mystische Erfahrung von jener eher ruhigen, zurückhaltenden, stark nach innen wirkenden Art gekennzeichnet sein kann. Eine Art innerer Seligkeit, ein Sich-Wundern und tiefes inneres Berührtsein, das durchaus

auch mit einem körperlich wahrnehmbaren, warmen, auch prickelnden Gefühl verbunden sein kann. Eine solche Erfahrung kann eine Form von Ekstase sein, die sich in bestimmten Empfindungen und Gefühlen zum Ausdruck bringt, die vornehmlich im inneren Erleben entsprechende Auswirkungen haben. Die mystische Erfahrung kann sich aber auch als Erfahrung des Höhepunktes sowohl bei der Vereinigung mit Gott als auch bei der sexuellen Vereinigung zweier sich liebender Menschen im äußerlich vollzogenen Tanz der Ekstase Ausdruck verschaffen.

Wer gegenüber den sexuellen Begegnungen und den Erfahrungen, die mit dem sexuellen Höhepunkt einhergehen, eine positive Einstellung hat, darin etwas Natürliches, der Schöpfung Entsprechendes, von Gott Gewolltes sieht, das von Tiefe und Ernst getragen ist, wird mit einer solchen Zusammenschau von Sexualität und Spiritualität keine Schwierigkeiten haben. Das gilt auch für jenen, der Spiritualität immer auch als etwas gesehen und erlebt hat, das mit Leidenschaft, Erdverbundenheit, Gipfelerfahrung, Ekstase und Intimität zu tun hat.

Für Dieter Wyss (1975,34) durchläuft die vollsinnliche Liebesbeziehung der Partner die entsprechenden Phasen und Erlebnisstufen „wie die sogenannte spirituell-sublimierte Liebe, denn die eine ist ebenso spirituell wie die andere sinnlich ist". Es ist, so Dieter Wyss, „gerade das ‚Geheimnis' oder ‚Rätsel' einer Liebesbeziehung, daß sie, ob sinnlich erlebt oder ob im Verzicht ‚spiritualisiert', die analogen Phasen der Traumhaftigkeit oder Verzückung zu durchlaufen vermag. Im sinnlichen Erleben dürfte von Verdrängung kaum die Rede sein, für die sublimierten Liebeserlebnisse, die sog. ‚Ersatzlösungen', aber wird sie verantwortlich gemacht ... Es ist das Wesen von Zuneigung überhaupt, d. h. hier: von Verliebtheit und Liebesleidenschaft, ob mit körperlicher Annäherung und orgasmischem Rausch verbunden oder unter Verzicht auf Leibhaftigkeit, den

Partner und die Welt ... zu verzaubern, zu entrücken und zu verklären“ (34).

Marghanita Laski (1980,147) glaubt in den ekstatischen Beschreibungen von Menschen, die ihre Sexualität leben, weniger Parallelen und Andeutungen zu sexuellem Zusammensein vorzufinden. Dagegen werden die ekstatischen Erfahrungen religiöser Menschen, die ihre Sexualität nicht genital leben, oft in der Weise einer Liebesbeziehung zwischen dem Mystiker bzw. der Mystikerin und Gott beschrieben.

So heißt es bei Johannes vom Kreuz:

O Nacht, die mich lähmte!
O Nacht, holder als das Frührot!
O Nacht, die den Geliebten
mit der Geliebten vereinte,
die Geliebte in den Geliebten wandelte.

An meiner blühenden Brust,
die für ihn sich ganz bewahrte,
dort schlief er ein,
und ich schenkte mich ihm,
und die Zedern fächelten im Wind.

Der Windhauch von der Zinne
– während ich sein Haar ausbreitete –
mit seiner leichten Hand
verwundete er meinen Hals
und machte alle meine Sinne schwinden.

So blieb ich und vergaß mich selbst,
neigte das Antlitz über den Geliebten.
Alles erlosch, ich gab mich auf,
ließ meine Sorge fahren,
vergessen unter Lilien.

Eine Schilderung ekstatischer Erfahrung in einem spirituellen Kontext – einer Kathedrale – mit einem deutlichen Bezug zur sexuellen Ekstase, findet sich bei David Lawrence (1964,72 f.). Dort heißt es:

„Dann stieß er die Türe auf, und die grandiose, säulengestützte Dämmerung lag vor ihm, in der seine Seele erschauerte und sich von ihrem Ruhelager erhob. Sie brach hervor und schwang sich auf ins Innere der großen Kirche. Sein Körper blieb still, benommen von der Höhe, aber seine Seele schwang sich hinauf ins Dämmer, besitzergreifend, sie taumelte, sie ließ nach und wollte entfliehen in höchster Flucht, sie erbebte in diesem Schoß, im Schweigen und Dämmer der Fruchtbarkeit, wie Samen der Zeugung in Ekstase ...

Hier war das Zwielicht die äußerste Essenz des Lebens, die farbige Dunkelheit war das Embryo allen Lichtes und des Tages. Hier war es, wo die allererste Dämmerung anbrach, wo das allerletzte Licht vom Sonnenuntergang versank, und die unvordenkliche Dunkelheit, aus der der Tag des Lebens erblühen und wieder vergehen würde, atmete Frieden und inhaltschweres unverdenkliches Schweigen."

EPILOG

Ich bade in der Ostsee.
Es herrscht eine starke Brise.
Meterhohe Wellen branden an den Strand.
Es ist ein Vergnügen,
sich von ihnen mitreißen zu lassen,
in sie hineinzustürzen,
sich von ihnen davontragen zu lassen,
das Tosen des Meeres schreiend zu begleiten.

Sich einfach gehenlassen,
dem tobenden Wasser übergeben,
körperlich sich einfach fallenlassen,
alle Haltung und Fassung aufzugeben,
das ist es,
was innerlich im ekstatischen Erleben passiert,
wenn ich nicht länger in den Funktionen meiner Körperhaftig-
keit und Unfreiheit einherstapfe,
sondern eine Offenbarung meiner Freiheit empfange.

O ja, es ist eine himmlische Freiheit,
die ich erlebe,
wenn ich ausgesetzt dem wilden Wasser
nur noch Wasser und Sonne spüre,
nur noch den Himmel über mir,
und wie eine sich ständig verändernde Bergwelt
das Wasser vor mir sehe,
wenn mein Schreien und Jauchzen sich vermischt
mit dem Tosen der Fluten,
mein Herz hüpft in kindlicher Freude.

Es sind nur Momente
des totalen Vergessens.
Dann sehe ich wieder den Strand.
Das Leben hat mich wieder im Griff.
Die „Wirklichkeit" hat mich eingeholt.
Ich komme mit den Füßen wieder auf dem Boden zu stehen,
nehme wieder Haltung an und Fassung.

Literatur

Assagioli, R., Psychosynthesis, New York 1980
Buber, M., Ekstatische Konfessionen, Leipzig 1923
Donnelly, D., Radical Love. An Approach to Sexual Spirituality, Minneapolis 1984
Freud, S., Werkausgabe in zwei Bänden, Frankfurt 1978
Greer, A., No Grown-Ups in Heaven, New York 1975
Grof, St., Birth, Death and Transcendence in Psychotherapy, New York, 1985; dt.: Geburt, Tod und Transzendenz. Neue Tendenzen in der Psychotherapie, München 1985
Grün, Anselm, Ehelos – des Lebens wegen, Münsterschwarzach 1989
Häring, B., Meine Erfahrungen mit der Kirche, Freiburg 1989
Henkel, A., Geleitwort in: Behrens, J./Michel, Ch., Goethe. Elegie von Marienbad, Frankfurt 1991
Hoppe, K., Gewissen, Gott und Leidenschaft, Stuttgart 1986
Joel, K., Seele und Welt. Versuch einer organischen Auffassung, Jena 1912
Johnson, R.A., Ecstasy. Understanding the Psychology of Joy, San Francisco 1989, dt.: Ekstase. Eine Psychologie der Lebenslust, München 1991
Jünger, E., Vorm dunklen Tor. Besuche bei Ernst Jünger, in: Die Zeit, Nr. 37, Hamburg 1991
Kelsey, M., Discernment. A Study in Ecstasy and Evil, New York 1978
Kien, S., Königreiche der Liebe. Die sieben Stufen der Ekstase, Ulm 1986
Laing, R.D., The Politics of Experience, New York 1962; dt.: Die Stimme der Erfahrung, Köln 1983

Laski, M., Ecstasy. A Study on Some Secular and Religious Experiences, Bloomington 1968
Lawrence, D. H., Söhne und Liebhaber, Hamburg 1960
ders., Der Regenbogen, Hamburg 1964
Leech, K., Soul Friend. The Practice of Christian Spirituality, San Francisco 1977
Lowen, A., The Spirituality of the Body, New York 1990
Maslow, A., Religions, Values and Peak – Experiences, New York 1978
ders., The Farther Reaches of Human Nature, New York 1979
Merton, Th., Wahrhaftig beten, Freiburg 1971
Newsweek, Titelgeschichte: Body and Soul Nr. 45, 1988
Nowak, M., Closing the Gap between Theology and Marital Reality, in: Commonweal 80, 1964
Perls, F., Gestalt Therapy Verbatim, Lafayette 1969, dt.: Grundlagen der Gestalttherapie. Einführung und Sitzungsprotokolle, München [6]1989
Repicky, R., Reclaiming Physicality in Christian Spirituality: Contributions from a Bioenergetic Perspective, Dissertation Information Service, Ann Arbor 1990
Schiwy, G., Teilhard de Chardin. Sein Leben und seine Zeit, Bd. I u. II, München 1981
Tyrell, Th., Urgent Longings: Reflections on the Experience of Infatuation, Human Intimacy and Contemplative Love, Whitinsville 1980
Whitehead, E. u. J., A Sense of Sexuality. Christian Love and Intimacy, New York 1990
Wild-Missong, A., Focusing und Spiritualität. Unveröffentlichtes Manuskript, o.J.
Wyss, D., Liebe als Lernprozeß, Göttingen 1975
Zweig, St., Verwirrung der Gefühle, Frankfurt 1984